古典文獻研究輯刊

三九編

潘美月・杜潔祥 主編

第 **50** 冊

蔡守集
（第六冊）

伍慶祿、蔡慶高 著

國家圖書館出版品預行編目資料

蔡守集（第六冊）／伍慶祿、蔡慶高 著 -- 初版 -- 新北市：
花木蘭文化事業有限公司，2024〔民113〕
目 12+254 面；19×26 公分
（古典文獻研究輯刊 三九編；第 50 冊）
ISBN 978-626-344-970-1（精裝）
1.CST：蔡守 2.CST：學術思想 3.CST：研究考訂
011.08 113009890

ISBN-978-626-344-970-1

9 786263 449701

古典文獻研究輯刊
三九編　第五十冊　　　　　　ISBN：978-626-344-970-1

蔡守集
（第六冊）

作　　者　伍慶祿、蔡慶高
主　　編　潘美月、杜潔祥
總 編 輯　杜潔祥
副總編輯　楊嘉樂
編輯主任　許郁翎
編　　輯　潘玟靜、蔡正宣　美術編輯　陳逸婷
出　　版　花木蘭文化事業有限公司
發 行 人　高小娟
聯絡地址　235 新北市中和區中安街七二號十三樓
　　　　　電話：02-2923-1455／傳真：02-2923-1400
網　　址　http://www.huamulan.tw 信箱 service@huamulans.com
印　　刷　普羅文化出版廣告事業
初　　版　2024 年 9 月
定　　價　三九編 65 冊（精裝）新台幣 175,000 元

蔡守集
（第六冊）

伍慶祿、蔡慶高　著

目

次

《國粹學報》古賢畫像

明歸熙甫先生像

公姓歸，諱有光，字熙甫，崑山人。九歲能屬文，弱冠盡通五經三史諸書。師事魏恭簡。嘉靖十九年舉於鄉，八上春官不第。徙居嘉定安亭江上讀書談道，生徒數百人，稱為震川先生。嘉靖四十四年成進士，授長興知縣，用古教化為治。每聽訟，引婦女兒童案前，刺刺作吳語。斷訖遣去，不具獄。大吏令有不便，輒寢不行。有所繫斷，直行己意，大吏多惡之，調順德通判。隆慶四年大學士高拱、趙以吉薦修《世宗實錄》。卒年六十六，葬金潼里。公文章湛深經術，卓然成大家。

歸熙甫先生象。後學蔡有文摹。鈐「嚞夫」朱文長方印。

明歸文休先生象

公姓歸，諱昌世，字文休，崑山人，震川孫，元恭父也。十歲能詩，□稍長，有聲詞苑。與李流芳、王志堅稱三才子。屢困諸生，遂棄舉業，發憤為古文詞，中年益放意於詩。和陶諸篇為程嘉燧所稱。善草書，更精墨竹。風流儒雅，易直近人，而身遭事變，歔歙飲泣。以乙酉九月卒，年七十二。自書生平所作詩十八卷，又雜文百餘篇。太倉張應麈贊曰：「震川之孫，檀園之友。儒雅風流，家學克守」。

歸文休先生象。己酉春，後學蔡有文摹。鈐「□□」朱文長方印，「□□之印」白文。

明歸易民先生像

公諱起先，字裔興，號律菴。晚注《易聞》成，又號「易民」。崇禎十六年登進士。其對策曰：「願皇上用人無太銳，聽言無太寬」，臚傳之日，舉朝傳誦，以為切中時弊。明年，授刑部主事，以父病歸，逾月國亡。公杜門不出，著書自遣，卒於家。著有《易聞》《學庸語孟大旨》《老莊略》《參同契》《悟真篇考證》及詩、古文等。子四，允哲、允謀、允肅、允艾。

歸易民先生像。後學蔡有文橅。鈐「喆夫」朱文圓印，「實」朱文方印。

《國粹學報》1909 年

酈海雪先生遺像

　　畫象自贊：不倨不倚，亦援而止。入金馬而陸沉，頌碧雞而嶽峙。文慚皇墳，書溯龍史。生乎今而古道是起，愚賤汝生及汝孫子。

　　酈湛若先生象。後學蔡文謹摹。鈐「喆夫」朱文圓印，「有守摹名賢遺像」白文長方印，「鄧實之印」白文方印。

《國粹學報》1909 年

冒辟疆像

先生冒氏，皋邑之甲姓也。諱襄，字闢疆。以前壬午副舉，特授司理官，親老不仕。後累膺徵辟，卒皆辭免。邑有樸踞城南濠。就樸架亭，與鸛鶴同栖，遂自號「巢民」。少游董文敏門。文敏序其十四時詩，方之王子安。既齒學俱進，才益颼湧，詞章及行草書流傳海內。家故饒，亭館之勝，有水繪、三吾、匿峰、深翠山房諸處。皆具林巒，富烟水，彷彿輞川圖畫。而先生又好交遊，喜聲伎。自製詞曲，教家部引商刻羽，聽者竦異，以為鈞天疊奏也。與雲間陳仲醇互相規倣，四方賓至如歸，聯鑣方軌，殆無虛日。自所稱四公子外，若東林、幾社、復社諸先達及前後館閣臺省，下逮方伎、隱逸、緇羽之倫來，未嘗不留。留未嘗輒去，去亦未嘗不復來。而聞風嚮慕者則又神交色動矣。然先生大節挺然，不獨以風流文采擅場。父憲副宗起嘗犯權要忌抑，陷襄陽監軍，為必死地。先生獨走京師，泣血上書請命，卒得改調。熹廟中六君子輩死璫禍。懷宗反正被優錄。已而，璫禍復燼，修故敢欲甘心焉。先生聯難蔭諸孤，結社金陵相抗。即蹈危險不顧，事雖無濟而聞者色沮。今桃棄渡頭，猶餘易水歌聲，其社集諸詩故在也。晚年卻掃家居，游觀色藝，諸奉御頓不及前。而朋友聚會觴詠之樂終不能釋，壽八十猶作擘窠大書，體勢遒媚突過初年，亦嘗鬻以助歡。又三年乃卒。宗伯長洲韓公志誌墓曰：「先生歿而東南遺老之流風於是乎盡矣。嗚呼其信然哉！」有詩文集數種行世。省誌、郡誌獨載其賑災染疫以死，邑令禱神復生，其事甚奇，然非耳目之所恒有。先生二子皆以才藝著名，克紹其家學，又善承親志。長嘉穗，次丹書，各有專集。　同邑後學盧香撰。

冒辟疆象，有守摹。

《國粹學報》1909 年

吳蓮洋先生像

　　吳雯，字天章，山西蒲州人。工詩，初至京師未知名。漁洋山人亟賞其詩，謂為天才，名大噪。所居永樂鎮，即唐永樂縣，有玉谿即李義山所居。天章詩情高邁，少耽二氏，有出世志。以鴻博徵赴都，不謁時相，後放歸。著有《蓮洋》。

　　蓮洋先生小像。山陰朱如銘寫，順德蔡守撫。鈐「文」字朱文方印。

《國粹學報》1909 年

朱栢廬先生遺像

　　朱栢廬先生象。後學蔡有文敬撫。鈐「守」字朱文方印。「有守摹名賢遺像」白文長方印。

《國粹學報》1910 年

朱竹垞先生小像

　　竹垞先生象。五經紛綸抽腹笥，布襪麻鞵見天子。歸來著書以沒齒，千秋之名在青史。錢塘龔翔麟拜題，門弟子顧仲敬圖。後學蔡有文重橅。鈐「文」字朱文方印，「蔡喆夫」朱文方印。「有守摹名賢遺像」白文長方印。

王漁洋先生小像

　　漁洋山人戴笠像。方名厚所植，虛以冥其跡。納眾流而洪纖不遺，冠群言而聚精成淶。身著朝衫頭戴笠，孟縣眉山共標格，三百年來無此客。梅庚贊。「有守摹名賢遺像」白文長方印。

沈歸愚先生像

沈歸愚先生象。鈐「有守摹名賢遺像」白文長方印,「風雨樓」朱文方印。

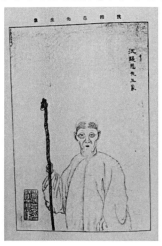

《國粹學報》1910 年

洪北江先生荷戈圖

洪北江先生像。鈐「有守摹名賢遺像」白文長方印。

《國粹學報》1910 年

錢竹汀先生小像

竹汀先生小像。陳詩庭敬寫,蔡有文重摹。鈐「有守」白文方印。「喆夫」朱文方印。潛研老人自題像贊。官登四品,不為不達。歲開七秩,不為不年。

插架圖書，不為不富。研思經史，不為不勤。因病得閒，因拙得安。亦仕亦隱，天之幸民。鈐「有守摹名賢遺像」白文長方印，「風雨樓」朱文方印。

《國粹學報》1910 年

彭尺木先生像

　　彭紹升，字允初，號尺木，長洲人。侍講定求曾孫，尚書啟豐子。乾隆丁丑成進士，壯歲即喜浮屠氏之學，禮佛不下樓者四十年。文有《二林居集》《一行居集》，詩有《測河集》《觀河集》。

　　彭尺木先生像。鈐「有守摹名賢遺像」白文長方印。

《國粹學報》1910 年

賀畫《花卉》

著雍涒灘元日試筆。與伯妹霜柏，內子傾城合作以祝《國粹學報》出世第二週年之慶。順德蔡守拜手。

《國粹學報》1908 年

《時事畫報》圖說

與吳曉峰合作

古今絕筆

徐熙，金陵人，所尚高雅，寓興閒放。畫花木魚鳥蟬蝶蔬果，妙奪造化。其骨氣風神，實為古今絕筆云。哲厂曰：近人崇拜古人，私心景仰，若天之不可階而升，誤矣！夫舜何人？我何人？苟自當仁，豈能多讓。昂昂七尺，經天緯地事業尚能幹來，何有於區區末技，甘讓古人專美於前。抑吾聞之達者曰：為學如積薪，如建塔，後來者居上。偉哉斯言，其進化之要旨歟。

《時事畫報》1905 年第 1 期

老當益壯

金農，近代人也，字壽門，仁和人。好古力學，不同流俗，年五十餘始銳志從事於畫，卒能成一代名家云。哲厂曰：凡有暮氣，最足障碍世界，我中國老大帝國之誚，已騰播東西。雖然，亦由我國之自取耳。如我國民欲老大也斯老大，欲少年也斯少年。吾觀金氏之不以其老大而墮其志，而功卒抵於成也。烏虖！洵足法哉！

《時事畫報》1905 年第 1 期

秋夜口占

玉露金風蕭索天，薄情明月幾番圓。瓊樓寂寞徒增感，我到人間二十年。

《時事畫報》1905 年第 1 期

南音時事感懷

　　涼風蕭索已過中秋，無情歲月去悠悠。俯仰蒼茫觀宇宙，人生如寄好似浮漚。轉瞬韶光唔係我有，等閒容易白了少年頭。虧我在此世間無乜建就，覷然人面實堪羞。既不流芳百世又不能遺臭，腐同草木弊過蜉蝣。況且近來時局有邊個唔知透。茫茫禍水飛渡神州，正係我地臥薪嚐膽候。當挽銀河水逆流，樹立勳名長不朽。祇望國民愛國比美西歐，睇吓前途莽莽風雲，驟未知宏願否能酬？今日蹉跎身世難回首。燕去鴻來易度一周，講到世情變幻良非偶，就係撫時感事費煞綢繆。思近事，憂喜交縈。大夢沉沉已漸醒。講到野蠻科舉最足為人病，其中弊竇個個皆明。誤盡人材中國就不競，幾許英豪亦困守一經。近聞政府收試命，佢話科舉從今永遠停。可惜有的頑固書獃心未醒，怨聞此語氣到面青青。佢話廿載螢窗捱盡苦境，死心塌地都為著功名。今日一張上諭一張如此掃興，心灰意冷哭不成聲。唔望雁塔留題名共姓，唔望蟾宮直上把雲凌。唔望遨遊泮水觀名勝，唔望高登桂苑折芳馨。往歲秋闈何等鬧興，從此添多惡感情。個的腐敗言辭真厭聽，迂滯之徒教亦不精。我亦勸句佢從今須要改性，迷途知返顧住前程，須做實濟工夫還要就正。睇吓學堂林立接踵而興，況且遊學之風真係盛。或從歐美或向東瀛，採他文化兼新政，反哺母國理當應。個陣把中國振興名自鼎鼎。屏絕野蠻科舉更覺光榮。還有一件事最係難忘，聯羣拒約箇箇知道分所應當。生死關頭唔願把責任棄放，齊心協力不敢視作尋常。故此辦事係咁小心唔莽撞。舉動文明協友邦，國體結得咁堅誰肯退讓。都話轉圜指日改約從良，我就雙眼已穿來盼望。點估到風湖一陣覆海翻江。驟聞噩耗魂都愴，撫膺長歎忍不住淚落千行。同胞不幸真難講。慘絕無聊怨一句彼蒼，呢吓總要顧住大局為先休別想，堅持到底願自能償。勢力既潛就無乜板撞。若為同胞出力死亦流芳。況且國體民權關係甚廣，一成一敗可定興亡。君呀好認定方針唔好錯向，莫為阻力橫生就恐慌。自古話挫折愈多心愈壯。須要直往，呢躺係例行杯葛，已露光鋩。

　　　　　　　　　　　　　　　　　　　　　　《時事畫報》1905 第 2 期

溫地記

　　世界之上，香國之內，花天之下，酒地之外，有一地焉，名曰溫地。蕩蕩平平，一望無際，其面積不可以道里計也。地分五大部落，人謂其地近溫帶，因以溫地名之。有客曾遊是地，因述其所見，以為問津者告焉。地之中央為沙

塵溫地，地勢略高，氣候溫暖。由溫而易熱，熱極而生風。風生則沙塵隨之而起，以至沙塵蔽空，天日無色。遊此者，莫不周身沙塵，猶囂囂然自詡為闊也。而之東為潮氣溫地，此地東臨欲海，白水禍水皆由此海發源。以故潮濕甚大，時發潮氣。而此氣最足動人。遊者每為所惑，因家於此，謂之東家。過此以南為鹹濕溫地，南方地土卑濕，又與欲海相連，海水最鹹，為製鹽佳品。有鹽場數區，產鹽甚盛，足供全地醃料。鹹濕先生至此，氣味相投，恒徘徊不忍去焉。迤邐以西，為多手溫地。遊此者，每如八臂之哪吒，七手之斗姥，手急眼快，以施其探花妙手。明知隻手不能遮天，猶日演其闊綽手段，務達個柳手之目的。久而久之，遂成此多手溫地。云過此則氣候漸冷，達其北鄙，陡覺寒氣逼人。遊人亦漸少。說者謂遊客至此，每為寒氣所侵，則骨為之酸，毛為之豎等等怪象，不覺自現。叩以地名曰：此孤寒溫地也。客以其命名不雅，風景亦無足觀，遂返步行，信步至一鄉曰醉鄉。再行則為溫柔鄉、黑甜鄉，以次而進，引人入勝。此數鄉人甚蕃盛，嬉然酣酣，無思無慮，其樂陶陶，誠非老鄉中人夢想可到也。殊不知其精神財產已暗地消融於無何有之鄉矣。數鄉外復有窮鄉、餓鄉，遊於是地者，多以此為歸宿焉。客之所述如此，爰濡筆記之，以警告一般之五溫地客，猛醒！猛醒！

《時事畫報》1905 年第 5 期

明遠樓學究哭魁星

二簧起板昨聽得那魁星慘遭毒手，慘遭毒手！嘆板數十年的金身一炬全休。我驟聽此言，不禁雙眉緊縐。但不知魁星與他何怨何仇？越思想不由人五中血嘔。魁星遭鉅刼，真果天地為愁。白卑人老學究，自從朝廷降了停廢科舉之諭，魂夢難安。正擬設法挽回萬一，誰想近天，竟將貢院招人承拆，明遠樓奉祀的魁星，亦將來付之一炬。咳，這分明是使我絕望的意思。你教我老學究何以為情呀。介在此說盡千言，何濟於事。不若趕到明遠樓，對著魁星餘燼，痛哭一會，泄一泄滿肚牢騷則可。漫板自朝廷降諭旨，停廢了科舉之後，令我等鎮日裡抱恨悠悠。有御史王步瀛，曾把此事向兩宮具奏。據說道八股可廢，萬不能把科舉視若贅疣。臣膽敢將下情奏知我皇太后，望聖裁納忠言，把此成命早收。若准了此奏摺，何等聖恩高厚。誰料得，留中不發，不知因甚緣由？自此後滿朝人一若寒蟬噤口。再無人繼起力爭，令我莫展一籌。我一心尚以為停廢科舉不過自丙午為首，今年是乙巳科考，若青一衿還可以光寵我宗族交遊。又豈知那諭

旨二次傳來令人難受。見學院煌煌牌示，叫我等無庸觀望，早作他謀。看將來這科舉一定無可挽救。我惟有暗地裡淚浸雙眸。又想著集同志把此問題研究。明倫堂開大會曾把長紅遍貼四周，議聯合眾同志齊向學轅稟叩。或冀他俯順輿情，考完此案，尚復何求。昨又聞將貢院招人承拆，不知是誰之咎，竟把那風簷矮屋定要片瓦不留。明遠樓崇祀的魁星木偶，好一似長壽佛一爐共冶，不知那世不修。我驟聞此心中有如刀剖。究不若到貢院對著魁星餘燼泄一泄滿腔積恨，拼得喊破嚨喉，舉步兒望著了貢院而走。無幾時，經過了青雲得路、頭門、儀門、龍門，已是明遠之樓。又只見那地上布著死灰一撮，料是魁星不謬。對此情，止不住滔滔的兩淚交流。忙跪下撮土為香，灑淚為酒，我曩日蒙庇佑，以此相酬。你為神尚不能邀他恕宥，更不知將何以處置吾儕。講甚麼天開文運，文光射斗，講甚麼庇佑我獨佔鰲頭。哭罷了又只覺秋風陣陣吹人慾瘦，吹人慾瘦。二流搔着首看蒼天，只有一片雲浮，顧自身好一比道旁枯柳。若科舉一朝不復，叫我何以解憂。嘆魁星亦自身難保，更何望將吾庇佑。此後想科名顯達，只有夢裡春秋。我說盡了千言，問你魁星知否？煞板到不如從此後努力田疇。

《時事畫報》1905 年第 5 期

畫《石》圖

太湖返櫂，畫以補白。丙午九秋哲父。鈐「哲父」朱文異形印，「有守□氏」朱文異形印。

《時事畫報》1906 年第 27 期

畫《花卉》圖

我亦可人明麗質，何如苦李路旁羞。苦道人題。鈐「苦□」朱文長條印。

《時事畫報》1906 年第 27 期

畫《蘭石》圖

果是託根無故土，寄身頑石亦悲哉。喆夫並題。鈐「有守」朱文異形印。

《時事畫報》1906 年第 27 期

畫《仕女》圖

自伯之東，若誰恤我，靜言思之，處斯安可。重九前四日，折苦信手題。鈐「哲」字朱文方印。

畫《石》圖

精衛難啣，媧皇不練。丙午九秋折苦題。鈐「蔡六」朱文異形印。

畫《花鳥》圖

江山錦繡非吾事,唯有黃金在眼眶。丙午茱萸節前四日,哲和尚題於布金禪房。鈐「哲和尚」朱文異形印。

畫《菊石》圖

小生生於桂林,惟石種種羅列胷次,綺年輒好筆翰,比來奔走中原,媕隅槑柉,筆床墨研,毋復親吾。丙午九秋,買櫂返里。日過從南風之薰廔,昕夕談續事,還我故吾耶。顧甚惶汗而愧筆研矣。蒼海客哲父並識。

畫《怪石》圖

　　僕降生於桂林，離奇之峰羅列胷次，拾筆時倆彿擬之。喆夫畫於北海。鈐「蔡十四」朱文長方印。

《時事畫報》1906 年第 27 期

九日與友登漱珠岡

　　去歲為亡士，蟄身西子湖。八月湖聲悲，九月天聲枯。獨上北高峰，掬淚澆茱萸。歸來憶龍山，詩酒何偷娛。思鄉夢未闌，偵諜壞繩樞。摟衣陡驚起，夜半奔姑蘇。吳頭與楚尾，從此為流逋。夏口乍弛擔，昭華逐隙駒。曾參未殺人，竟遭小人誣。刊章星夜馳，那得不憂虞。內外相交逼，乾坤一巨笯。破革裹秘書，將入北海隅。道出故里門，安不為一迁。家鄉久離別，乍歸應怡愉。詎知一寓目，事事良可吁。尤棘我心者，其為狂囂徒。得意鳴胡笳，趨時詠姤隅。素我應交游，頑陋多豎儒。幸焉獲新雨，猶可譚孫吳。今日為佳節，相邀挈榼壺。我裁異桓景，登高可糶乎。假此談壯志，薄言陟漱珠。南雪松菊彫，闃寂良悲夫。會湏傾斗酒，硬語諏雄圖。幸毋為夸毗，當作解奴辜。天子我傲骨，肯膝婢顏奴。若云誓去汝，曷若堅戈殳。安能長寂寂，抱罪歸黃壚。解我杖頭錢，前村酒可沽。翹首望西林，斜陽未肯晡。

《時事畫報》1906 年第 28 期

畫《梅花》圖

母壽門筆法，蟄虎。

畫《花鳥小品》

冤哉哲夫之作畫，不辨淵源與支派。興酣信筆塗丹青，一味離奇與古怪。花不花兮鳥不鳥，此畫知音天下少。知稀我貴古有云，人不能曉我能曉。何物黃荃與郭熙，會過妙手偶得之。名传不传有命在，豈真畫足為我師。我不幸生古人後，所作不能出其右。倘教我亦古之人，此畫誰敢相刺謬。丙午冬十月，哲夫倚燈作於合浦。

畫《古翼鳥》圖

　　古翼鳥圖。最古時代未有鳥，由蛤蚧之類一變而成蝠類，從前爪至腿生一皮如翼，尚有蛇尾及變牙，豈屋拖葛士「古翼之意」。時雖具羽翼，猶不得謂之鳥，其翼端尚有爪，口尚有齒，尾尚有骨也。斯則鳥成鳥類最始者也。丙午冬十月，村居寡歡，偶閱太西博物志，因譯而並圖之。哲夫志於北海蠡樓。押腳鈐「有守所譯」白文方印。

《時事畫報》1906 年第 33 期

畫《山水》圖

　　揚子江馬當山炮壘圖。丙午冬十月臨攝影，成城子哲夫。

《時事畫報》1906 年第 33 期

畫《石》圖

　　畫家所謂萬卷書石者，即格致家所謂層生石也。石本片片結成，稍知物理者莫不能道之。哲夫識。押脚鈐「石癖畫石」白文方印。

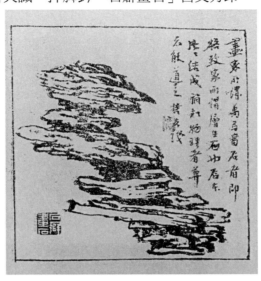

《時事畫報》1906 年第 33 期

畫《鴿》圖

　　鴿之變種，亦見博物志。有守哲夫續。鈐「喆夫」朱文長方印。

《時事畫報》1906 年第 33 期

畫《楊子江馬當山炮壘》圖

楊子江馬當山炮壘圖。丙午冬十月臨攝影，成城子哲夫。鈐「蔡」字朱文方印。

《時事畫報》1906 年第 33 期

畫《蜀中山水》圖

臨蜀中攝影。我用我法，不求似誰家筆意。哲夫志於海角廎。鈐印模糊不清。

《時事畫報》1906 年第 34 期

畫《玉簪》圖

蟄虎寫意。鈐「喆夫」朱文方印。

《時事畫報》1906 年第 35 期

畫《菊花》圖

同是寄東籬，那分黃與白。黃弱而白強，人擇抑天擇。喆夫並題。鈐「有守」「喆夫」朱文方印。「城成子」朱文方印。

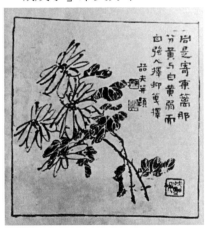

《時事畫報》1906 年第 36 期

畫《怪石》圖

怪象觭形祇自矜，兀然獸立更崚嶒。生來骨相堅於鐵，歷盡風霜□儗久。不屑玲瓏投俗好，偏多頑眉取人憎。如斯入世難容耳，聊贈孤山老瘦僧。錄乙巳秋廔西□巢居閣□□□□□上人句於合浦郡壁花廔。鈐「有守」朱文長方印。「愛畫亭髓」朱文方印。

《時事畫報》1906 年第 36 期

畫《梅花》圖

舉世趨炎多圖士，此君獨有耐寒心。哲夫。鈐「勵菴遺子」白文方印。

《時事畫報》1906 年第 36 期

畫《芥蘭》圖

　　蔬菜最美者，莫若芥蘭，尤以吾鄉龍江為最。壬寅冬客黃歇浦，嘗作《憶芥蘭詩》，詩曰：張子秋風思蓴菜，蔡子冬寒憶芥蘭。家園籬落霜雪天，芥蘭苗苗翠甲攢。十換曾青畫不如，朝朝耐冷凭欄看。圍爐鐺中蟹眼湯，侍兒親摘餉晨餐。甘脆[1]別具菜根香，此時佳味正登盤。蔡子遙憶空流涎，家園奈隔關山難。今雖返粵，亦南北千里，教我遙憶故鄉風味，不知何日得嘗也。丙午冬十一月晦日倚燈擬作，蠡廔主人有守喆夫並識於合浦郡。鈐「有守」朱文長方印。

【注釋】

　　[1] 脆，同「脆」，亦專指食物鬆脆。或鬆脆的食物。漢枚乘《七發》：「飲食則溫淳甘脆，腥醲肥厚。」

畫《鹿角螺　食蠅草》圖

　　十一月晦與佛王孫遊地角嶺，嶺下多奇形螺殼，狀類鹿角，因呼之曰「鹿角螺」。又得一草，如苔錢，色淺，葉重疊而生，有毛，毛上有膠，小飛蟲屬誤近之，則不能脫。佛王孫曰「肉食草」也，英人呼曰「食蠅草」。歸窮搜古書，無是名。畫之以俟識者。喆夫。鈐「喆夫」朱文方印。

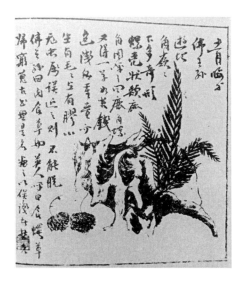

《時事畫報》1907 年第 1 期

畫《牡丹　梅花》圖

丁未歲朝試筆，哲夫畫於北海。

《時事畫報》1907 年第 1 期

畫《白熊》圖

美國黃石園之白熊，哲夫抄攝影於北海。鈐「喆父」白文方印。

畫《梅石》圖

　　一枝瘦影立風，縞衣亭亭劇可憐。高士美人都莫儗，直疑瓊島小神仙。丙午小除臨杜陵女史小品。哲父並誌於蠡廬。鈐「有守」「綺琴」朱文長條印。

畫《螺蛻》圖

　　空懷壯志，見妒於時。海裔栖遲，無聊甚矣。遶海行吟，閒拾螺蛻，亦一消遣法也。噫！韓良臣之湖上騎驢，劉蜀主之閉門種菜，豈得已哉。潦倒英雄，

千古一揆。僕何人，斯亦忌於世，想不作渾旋之室以隱厥身，恨徒具摩霄之翎，自罹其戾也。成城子哲夫筆。鈐「大我堂」橢圓朱文引手印，「成城子」朱文長方印，「有守」朱文方印。

《時事畫報》1907 年第 1 期

畫《瓶梅》圖

野居除夕渾無事，插了梅花便過年。丙午冬日画於北海。哲夫。鈐「哲夫」圓形朱文印。

《時事畫報》1907 年第 1 期

寄陳訒生

吾愛陳夫子，英奇正綺年。多情師子孝，沒骨母南田。請擲張郎筆，驚揮祖逖鞭。有人滄海裔，翹首望長天聞陳子將東渡，久不見發，故趣之。

（附）舟次春申寄和蔡哲父原韻　陳訒生

□梗飄無極，徒悲逝水年。君才難測海盛公子題君寓樓曰「蠡廔」，欽君學業靡有涯涘，世境易滄田。大局同累卵，前途孰著鞭。何時帷幄內，蕩虜力回天君將之獨國問陣，他日定能為國效力也。

《時事畫報》1907 年第 1 期

丙午歲除舟次

忽忽光陰將盡去，茫茫滄海欲何之。家同國共懸危日，歲與人俱過渡時。逆水行舟須努力，殘年作事那容遲。思尋佳景宜先至，好趁斜陽尚未衰。

《時事畫報》1907 年第 1 期

除夕感懷

梅花酒又滿叵羅，一載渾如一剎那。獅夢也應驚爆竹，駒光卒莫趣山河。棘心時局年空長，蒿目中原事正多。歲月頻新徒爾爾，舊邦爭奈未新何。

《時事畫報》1907 年第 2 期

畫《紅豆》圖

紅豆生南國，春來發幾枝。願君多采擷，此物最相思。輞川句。疆圉協洽元夜，詠姍隅客有守哲夫抄生。鈐「喆夫」朱文方形印，「有守丁未年作」朱文方印。末署拉丁文。

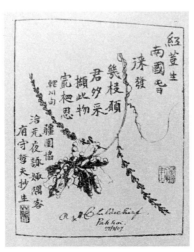

《時事畫報》1907 年第 1 期

畫《漓山》圖

　　漓山在桂林城南二里，山形如象掀鼻，俗稱象鼻山，山上有小屠蘇，下有洞曰「水月門」，白如截肪，刓刻枕江，透徹山骨，頂高數十丈，其形正圓。望之，端整如大月輪，江別派流貫洞中，踞石弄水，如坐卷篷大轎下。夏秋之交，移舟其中，遊魚千百，瀺灂几席，洞郎潭澈，光相映燭，洵宇宙之奇觀也。舊游之地，常繫夢魂。雨窗搦管，彷彿擬之，天地奇詭，誠非拙筆所能肖者。惜哉！哲夫識於合浦。鈐「喆夫」朱文方形印，「有守丁未年作」朱文方印。

來書照登

　　僕自與佛萊蔗胥宇學作英國詩詞，或先成中國詩，而譯以英文，或先成英國詩，而譯以中文。此闋尤無一意不相合，無一字不相當者。錄呈貴報，願刊報末為望。

　　（附）懷友人詩就因譯之調寄醜奴兒令

　　驀聞志趣私傾慕，魂也追尋，夢也追尋，似此癡情曠古今。　不曾省識春風面，愛也何深，思也何深，崇拜英雄一樣心。

　　原作附左：（英文稿省）

　　鈐「喆夫」「有守丁未年作」朱文方形印。

題《周服劍》圖

周服劍長一尺三寸四分，臘廣一寸四分，從各五分有半分，鍔一分有半分。以玉為莖，與首通，重三十五兩。按《周禮注》：六兩半有零為一鋝，則四鋝有歉。然古權三當今之一嗎，則此乃上士所服也。順德蔡有守哲夫瑪撫古於古合浦郡之蠡樓。

周舞鐃，長四寸三分，徑二寸六分，柄闊一寸一分，重八兩。按《周禮‧地官》「封人以金鐃，止鼓」。注：「鐃如鈴，無舌有柄，執而鳴之，以止擊鼓。」《禮記》所謂：「始奏以文，復亂以武。」文謂鼓，武緯鐃也。

《時事畫報》1907 年第 2 期

偷青行北海故俗也

蔬圃宛金吾，元宵都弛禁。春人結隊來，採擷肆其儘。露芽烟甲頃刻盡，芳畦狼藉殊堪憫。老圃諮嗟可奈何，陋俗難除官不問。吁嗟乎。汝胡不學嚴海君，盡拔園蔬與爾鄰。汝雖不作袁叔隰，駕橋溝瀆揖其摘。但若徐孝潁，佯眠不知省，或作沈道虔，盜去汝才旋。老圃吞聲雖不言，我作傍觀轉可憐。君不見江北千里地無毛江北飢饉酷慘，散見各報章，吾民百一不得食上海《字林報》云：江北饑民有四兆。汝輩摧殘若罔聞，倘成飢饉誰汝恤。

《時事畫報》1907 年第 3 期

上何子陶書

前略，有守竊以奴婢之禍，慘烈罔極。有守忝降右族，廣有奴婢。嘗目擊家人苛虐奴婢之慘。雖當時少小無知，亦不禁痛心疾首。自投筆出山，於茲十載，不復睹此慘劇。然每一念及，宛在目前。至於個中苦楚，人盡知之。奚俟有守謑諉。比來執友何寶章、佛來蔗思提倡不買奴婢會。商於有守，有守觸舊感情，不勝哀憫，甚願伙之。爭奈海裔亡人，離鄉久矣。且下士餘論，誰以為然。竊惟君毓高門，素隆聲譽。倘肯鼓吹，如草被風，定能收效，使吾國無窮奴婢，荷戴君德，他日母厥事實，維新歷史，獨佔光榮。想君必樂為之也。嘗攷放奴之議，倡自威律伯科士（英文略）英國一七八零年間下議院議員、歆拍（英文略）英國詩家撰詞伙之，疾聲一呼，四方韻應，舉英國領土，僉以為然，遂大行之，於是放奴之事，大放光明。美洲北方，亦繼踵而起。唯美洲南方不從，因是興師，南方敗績，遂亦從之。於泰西歷史中，事蹟赫赫。顧英美之奴，咸購自菲洲，

非同種也。仁人尚有斯舉，矧吾國自殘同種乎？是可忍，孰不可忍。今何、佛二子，唯有此思想，尚無端倪，何子則將著一書，述婢之慘原作為英文，今未成。脫稿，有守當譯以餉世，佛子則曾函商於何劍吳，唯劍吳事冗，必不能專任斯事。今有守有一得之見，敢貢獻於君，希君采擇。有守自完其天職。此會以不買奴婢為宗旨，先糾集朋儕，建立一會。凡入會者，此後不復買奴婢，家中已有奴婢，當勸誡家屬不得虐其奴婢。奴婢年至十六，婢與擇匹，唯必須婢願嫁之人，方得嫁之，奴則放之。入會後，家中亦許用女僕如近身住年等，我用彼力，彼受我貲，用捨留去，兩家自由。又當勸其親串，不復買奴婢，已有者，不可虐待。為會友當盡之義務。其餘社名及發起弁言章程一切，想君自具卓識也。有守思勸富室不買奴婢，似非難事，唯勸貧家不賣其子女，似屬匪易。然凡行事，祇求真理，不可因難而輟。有守又思此會，必須富室多樂認可，則貧家雖欲賣其子女亦無從也。故此會發起，似宜富室提倡，事冀易成。倘會友盡屬措大，又何益也後略。

《時事畫報》1907 年第 3 期

畫《花卉》圖

哀哀侍女花，蠻風野雨汝安禁。哲夫鐵筆。鈐「有守」朱文長方印。

《時事畫報》1907 年第 3 期

苦婢吟英國佛來蕭原唱，順德蔡有守譯辭

噫吁嚱！悲哉。籲天天不聞，呼地地不應。人海萬萬千，空氣為之凝仄讀。枉妾日哀號，若誰相過詗。宛處黑獄中，難望光明鏡。妾生卑濕土坏芓，樂歲父母恒不飽。嬰婗墜地遭百罹。無人俅保無人抱，抵冷捱饑賤長成。嘗透艱辛幸得生。甫生六歲凶年至，父母飢寒更莫撐。籲蒼冥，汝具百病能殺人。奚獨不殺妾，偏殺貪生人。妾雖欲死不得死，轉脫二老飢寒死。忍將骨肉換米炊，鬻與豪門作奴婢。牢省辟親日，妾心永弗諼。哭抱父母郤，哀號相與言。雙親幸免死，兒身亦獲存。雖云是生離，慘甚于死別。父母吞聲向兒語，願汝幸邀主人悅。詎知一入豪門去，千般苛虐萃兒身。飢寒痛苶且笞撻，待妾渾如鐵石人。汝固富，妾固貧。貧豈是妾罪，苛虐何不倫。千般苛虐猶未已，更有縱淫少主人。妾無卻要婢名，事見《三水小牘》點，安能淆渠污妾身。吁。馬雖汝策之，不曾使交汝。犬雖汝踢之，不曾使吻汝。妾身被虐更蒙辱，犬馬不如是婢女。主人主人汝有女，愛之惜之何其深。豈肯令其受此任意之苛虐，肆意之姦淫。吁嗟乎。支那，支那，汝欲得自繇之榮耀，文明之聲譽平讀。如斯苛虐汝同種，不淪奴隸可得乎！

原唱附左（原英文稿略）。

《時事畫報》1907 年第 3 期

丁未人日

人日客愁深，春雲山意陰。松號驚噩夢，海嘯發悲音。綠悼花成些，端教鳥伴吟。風塵書劍老，此恨問誰禁。

《時事畫報》1907 年第 3 期

讀隋史口號一章

引鏡鬖鬖好身首，不知砍屬誰人手。于今志士口頭禪，可憐竟出君王口。

《時事畫報》1907 年第 3 期

畫《花卉》圖

丁未清明前二日撫泰西鈎勒法，哲夫蔡有守。鈐「哲夫」朱文方印。

《時事畫報》1907 年第 3 期

畫《梅花》圖

孤山況味應嘗透，曷借詩媒聘海棠。哲夫。鈐「喆夫」白文方印，「有守」朱文方印。

《時事畫報》1907 年第 3 期

奴婢考

《左傳》曰：斐豹，隸也。杜預注云：犯罪沒為奴。

《周禮》注曰：男奴女婢。鄭司農注云：奴罪隸也。男女同名。

又曰：其奴男子入於罪隸。女子入於舂藁。注云：謂坐盜賊，則沒入官為奴，即今之奴婢，古之罪人也。

又曰：奚三百人。注云：今時侍史官奴婢也。

《說文》曰：男人罪曰奴，女人罪曰婢。

《漢書》曰：王莽時，匈奴侵寇，乃大募天下囚徒人奴，名曰豬突豨勇。

《風俗通》曰：古制本無奴婢，即犯事者，原之贓者被臧罪，沒入為官奴，獲者逃亡，復得為婢。

有守曰：觀此固知古制無奴婢。奴婢者，罪人也。噫，今世之奴婢，又何罪也。

《唐書》曰：德宗初即位，詔曰：邑府歲貢奴婢，使其離父母之鄉，絕骨肉之戀，非仁也。罷之。

又曰：張廷珪為監察御史，會詔市荊益奴婢。廷珪上書曰：荊益奴婢，多國家戶口，奸豪掠賣，一入於官，永無脫免。南北異宜，必至生疾。此有損無益也。

又曰：王君廓嘗遺李元道一婢，元道問婢所由，云：本良家子，為君廓所掠。因放遣之。

《彙苑》曰：柳子厚為柳州，其俗以男女質錢。約不時贖。如子本相侔，則沒為奴婢。子厚為設方計，悉令贖歸。

《山堂肆考》曰：李德裕鎮蜀時，蜀人多鬻女為人婢。德裕為著科約，凡年十三而上，執三年勞。下者五歲，及期則令還其父母。

又曰：唐羅遜，嘗有以婢遺之者。遜問所從來，答曰：女兄九人，皆為官所賣，留者獨老母耳。遜慘然焚券，召母歸之。

《東觀漢記》曰：韓卓臘日奴竊食祭其母，卓義其心，即日免之。

《合璧事類》曰：雄翹嘗為石崇蒼頭，性廉直，有士風。潘岳見而稱異。勸崇免之。乃還鄉里。

有守曰：古之君子，未嘗無放奴思想。千百年無興之者。吾實不解。

光武詔曰：敢炙灼奴婢，論如律，免所炙灼者為庶人。

又曰：天地之性，人為貴，殺奴婢者，不得減其罪。

有守曰：年中因虐婢而致死者，不知幾何。有司治其罪者，吾未嘗聞也。

其故何哉。

《合璧事類》曰：孔戣拜嶺南節度使。南方鬻口為貨，掠人為奴婢。戣峻為之禁。

有守曰：今日安得此賢節度使。

《後漢書》曰：劉寬坐有客，遣蒼頭市酒，遲久大醉而還。客不堪之，罵曰：畜產。寬須臾遣人際奴，疑必自殺。顧左右曰：此人也，罵言畜產，辱孰甚焉。故我懼其死。

有守曰：今之世，辱奴婢者，直賤際於畜，尤甚千百。何獨不懼其死。噫！任爾日死十百，亦等閒耳。安有一劉寬過問邪。

又曰：劉寬嘗朝會，裝嚴已訖，婢進羹，誤翻污朝衣，寬神色不異，迺徐語曰：羹爛爾手乎。

有守曰：少時讀《石頭記》，至寶玉為玉釧齅蓮葉羹燙手，不自恧 [1]。轉語玉釧曰：燙了那裡？疼不疼？

忒是愛人真摯，與寬同一副口吻。心雖各殊，愛寔一揆。反被人譏其獸。悲夫！要之，失手錯誤，人盡有之，總宜窘恕。

《東軒筆錄》曰：鍾離君買一婢以從嫁。其婢執箕帚至堂前，熟睨，泣曰：幼時我父於此地穴為毬窩，導我戲劇也。鍾離君曰：汝父何人？曰我父兩政前令，身死家破，流落民間。令詢寔，以書抵許令曰：吾買婢得前令之女，憐而悲之。義不可久辱，當輟吾女嫁貲，先為求昏。更俟一年。別為吾女營辦奩篋，以歸君子。可乎？許君答書曰：蘧伯玉恥獨為君子，願前令女配吾子，君別求良媒，以嫁君子。於是前令之女，卒歸許氏。

《山堂肆考》曰：宋李沆，字太初，一僕逋宅金數十，遁去。僕有女，將十歲，自寫一券繫於帶，願賣于宅，以償焉。沆大惻然，屬夫人曰：願如己子，育于室。及笄擇婿，具奩歸之。後僕歸，感佩刻心骨。沆病，夫媳刲股為羹饋之。沆薨，縗絰三年以報。

有守曰：安敢望世間有婢者，盡作鍾離君、李太初虞。但求毋苛虐及笄擇婿遣之，幸矣！

《前秦錄》曰：慕容沖進逼長安，堅登城觀之，大言責沖曰：爾輩奴，正可牧羊耳，何為送死？沖曰：奴則奴矣，既厄奴苦，欲取爾相代。

有守曰：於戲！中國，汝苟淪於異族之奴隸，汝昔之奴婢，必作慕容沖之言詈，汝將奈之何。

有守弱植投筆，輒事蕃書，矧頻年犇走四方，歲月多消磨於舡唇明月馬背斜陽，鄙國經書，強半忘卻。今欲採經摭傳，安能備舉。僅就省憶者錄之，敬告同胞，知奴婢原起，及歷代仁人君子放奴心蹟，亦有彰彰者。有守案牘勞形，不遑旰食蟹行之書，日痛吾指，省夢從事，閱者諒之。

（附）答蔡哲父書 因不買奴婢會事　何子陶來稿

得書，知何君寶章，及英領事佛來蔗君，擬發起不買奴婢會。足下又與商榷謀畫，並陳奴婢諸慘狀。嗚呼！此仁人之言也。其事夙契於僕心，所示辦法概要，亦博深切明。僕所欲言者，足下已代言之。僕所未能言者，足下傾筐以出。得此喜慰何似。惟以茲事，當先感化富室，勸僕提倡。則僕言有弗獲已者。僕家本儒素，顧居於繁盛之地近百年，富室興亡，見聞殆熟。此中人靡論男女，生長紈綺綺襦之中，習聞罄悅筐篋之事，薰染既久，孽根至深。彼方以對奴婢自尊為樂。遽語以解放高義，必不聽從，立會亦為無濟。況如僕之虛庸不足以樹風聲，致徒侶者耶。下手第一者，宜先撰譯書報，或雇人廣為演說，激動其惻隱，使社會心理多認此事為然。而後立會，入者必眾。不至徒擁虛號，麾下無人矣。此事比戒纏足禁鴉片為尤難。非時日短促所能奏效。不得已則發自人鏡學社，地處中樞，聲氣較廣。而僕在粵，糾合同志和之，固所願也。若必欲以序文、章程見委，則僕雖學殖荒落，文質無成，衷諸於誼，夫豈敢辭。茲事更有其本原者，在必陰教溥及，惡習始可盡除。倘能兼籌本末，持以堅貞，庶幾威律伯科士之志可行於中國耳。惟足下悲智雙修，幸垂察矣！

（附）毅伯識記

右為南海何君子陶來稿，函交本社賴君。由賴君轉交於僕。僕讀之竊有感焉！憾何君來稿，文字為太入世也。凡人閱歷深一日，則趨避工一日。何君殆深閱歷者耶。閱二日晤何君，何君以另有副稿答。僕索之亟，何君搜得之出以示僕。僕愛之，擇其與右文歧異者錄如下：

接「罄悅筐篋之事」句，誰復留心世故，前多有與僕往還者。久則望望然去之，曰，此子無富貴相，殆非吾儔也。甚則曰如是腐生，不知作何究竟。僕本在入世出世之間，彼來則以為因緣至前，彼去亦未嘗有所介意。今令僕倡言不買婢，向彼輩喋喋有詞，無益，紙上蒼生之類耳。倘得粵省方面大員或縉紳中曾膺節鉞者，為之發起，彼輩薰心權勢，因信仰而生服從。擬諸風草，其或非虛。僕深察人情，以有此論，非敢輕量當世也。

棄稿云云，僕覺頗痛快。何君棄之，得毋以此為入世者不宜出此等語，以

觸絏綺子怒耶。僕謂何君非入世不能道此等句語，乃何君以不刊此等句語為入世。僕則謂刊出此等句語為真入世，不然僕年差長於何君，閱歷自謂匪淺，趨避寧讓何君耶。即此區區之文字猶患招怨，何況實行提倡不買奴婢之事耶。雖此等偉舉，何君謙讓未遑，第以天下興亡，匹夫有責。顧寧人豈大言欺人者比。何此區區者而貸避之。何君最勸旃，僕樂附諸君子之驥尾也。泐此數語以質何君，並以告慰於哲父。毅伯識。

《時事畫報》1907 年第 4 期

【注釋】

[1] 覐，同「覺」。《集韻・入覺》：「覺，古作覐。」

二月二十日瓊州阻風

前生畢竟何靈怪，謫向人間事總奇。半世奔馳南北遍，雨師風伯動相隨。

《時事畫報》1907 年第 4 期

初六日風猶未止更得一律

連日天愁絕，迷蒙萬象微。水遙雲絮厚，雨重浪花肥。海樣狂於醉，吾心惄似飢。風波偏作祟，故故阻人歸。

《時事畫報》1907 年第 4 期

畫《八哥》圖

八百遐齡。哲夫繪。

《時事畫報》1907 年第 7 期

珠江井英國佛來蔗原唱，順德蔡有守譯

原唱，紀事詩也。識吾粵一紈袴子，不解守業，酷嗜烟賭。家事悉委一會計，會計狡黠，復欺之。遂蕩其產，盡入己橐。居然反僕為主也。復豔其女，乘其饑窘，以計得之為婢。會計之媍，暴悍成性，恒加苦掠，備極辛楚。洎年及笄，會計欲以作簉室。媍不許，益虐之。唯會計有一子，頗憐之。遂相愛，而媍未知也。嗣鬻予人為妾，因非處子，反之。子愳母悍，亦不敢認。媍痛加鞫掠，處之極刑。婢不能堪，遂投井溺死。描影績聲，字字畢肖。洵以美人碧血，沁為詞花者也。佛子將以餉世。余慮婀隅，莫克普及。思譯之，顧是詩麗贍，疋具辭況。余雖素以能詘自詡，第案牘繁冗，榛梐甚焉。昔瞑從事，又何暇覓句選韻邪。嘗讀泰西各國互譯詩什，多不以韻。如天順 Tennyecon 英國詩家譯蒿厤 Homei 希臘詩家之詩，郎飛鷺 Longfellow 美國詩家譯《金傳奇》譯意非音，Legenda auiea 辣□劇本□□于世。因以文體譯之。但又不學林琴南之譯瑟士便 Sha，林譯作「莎士比」，飲冰譯作「瑟士丕亞」，詩名曰《吟邊燕語》，徒述事蹟，捨詞華而弗顧。雖然如余者，事蓄書以來，久蕪筆研，縱慾力尚辭況，安能□乎。顧時彥通人，解詠婀隅者不鮮。諒不咎余譯筆之蕪穢也。丁未斷霜節後五日，倚燭揩渴睡之眸而附記。

江干一園，柳恒垂首於流水，水流若笑聲，如喜得嫁爾雅釋詁：嫁，往也。與 Wedded 字，天然巧合珠江也。是間有一井，而井幹蔓艸叢生焉。（英文稿略）

噫！余牢記之，當嚴冬時，朔風怒號，宛嫠娊疾苦嘑聲。柳浪風篩，雨灑楊枝如泣。（英文稿略）

井中驀得一溺屍，遍體淋漓，以貌論之，應享香閨豔福，美目宜含綺情者。余今徒見其置於臨江垂楊之下耳。（英文稿略）

者樣妙齡，身材么小。昔日可鑒之髮，今則蓬亂與藻交結。橫波之目亦無光矣。肌凝如冰，衣縫隱見菽發，渾如小象牙峰。膩脗已寒，微張一線，水墜點點。每刹那一滴，宛袄廟哀死者之鐘聲。（英文稿略）

是誰家之少艾邪？緣何寘斯。若人憐之，若人哭之，宛死畜尔。或人畣曰：迺一婢耳。自溺於井，今待瘞也。於戲！豈非父母所穀者邪。（英文稿略）

今死矣，孤魂無主。怎得安邪？獨飄飄於慘淡之闃野耳。昔日豈無家乎？祇為時乖，敗於世界之競爭耳。昔者所有，今盡喪已。其家凌替之原因，容我言之。（英文稿略）

世沐先皇恩澤，廣有田園，園倚小山而築，古木交蔭，山光明媚，泉聲可

聽，是間乃祖之祠堂在焉。（英文稿略）

乃祖居斯已歷九世，昔極豪富。顧已漸替，力支門戶，文飾外觀，遂窮益速。更緣紈袴氣習，代甚一代。至于若父，尤溺逸樂，不知無能為恥也。（英文稿略）

且苛取農人之租，農人力苦猶不足納其租。彼亦弗恤。矯嬌孏性成，睡則在芙蓉城裏，醒則在樗蒱場中。每浪擲農人血汗稅。（英文稿略）

所有田產，悉委一會計料理，會計固貪婪狡猾之徒。有求耕其田者，必以賄。又善媚主，每以金供主浪擲。主亦不問其何來。（英文稿略）

譬比河水，急流而少雨，何難涸乎。彼因揮霍，逋債日加。縱有財源，也應漸漸窮矣。故索逋者如海乍 Hydia 之首希臘史云「海乍為多首怪蛇也，斬其一首，旋生一首」。此雖無稽之言，第余嘗用顯微鏡窺水中微生物，果有如此異者。因附筆於此。（英文稿略）

田疇遂一一賣去，嗣賣宅第，會計陰以計得之。益欺其無知，往往以賤價易其貴值者，若鷙鳥獲將死之畜，任其所欲。（英文稿略）

會計遂逐伊主人去，公然反僕為主也。伊主人家已窳，無以度日。朋儕亦無恤其苦者。（英文稿略）

譯者曰：行役十日，甫返衙齋，未卸行縢，擁鐙拾筆帥爾就譯，尤多淺率。閱者幸諒我風塵縈面，神瘏指痛也。且是詩甚長，想十餘續肇能竟。非不欲一氣呵成，萬忙未能也。

伊被逐出時，有婦有女。女甫七齡，美而慧。伊既貧，宗族親串，無與往來，唯竊笑之。（英文稿略）

噫！虘生人世，宛伊遺業，矯加以伊天與放縱，從不知遏制嗜慾。繇是孕成一私己之心，志若饑極而茶者，安能御其慾乎。（英文稿略）

臏幾首飾，一一銷於意錢番攤也，或從鴉片之烟中飛去。衣亦質盡已。餓鬼魑魔，猶日號於門。（英文稿略）

一日，欲出乞一頓飽，遂偕女去。至昔之會計許家也，會計初則詈之，繼則牽伊他處而耳語。（英文稿略）

曰：汝尚有物可賣，汝女鬻與我為婢，汝則得食。底事白地求我邪。且汝女侍吾妻正中選者。允之，吾即與汝銀。（英文稿略）

吁！貧，洵一殘忍之物歟。加以惡慾之事，竟將伊為人父之心縊絕，絕無愛情，故能拋棄其女亦弗恤。（英文稿略）

　　骨肉既鬻，急入賭局，乖一骰子，遂失一女。心憤絕，與同局者爭且鬩，竟喪其虛生人間之賤命。（英文稿略）

　　著者曰：世有哀人之哀而淚常盈眶者，世有苦人之苦而恒發浩嘆者。今則應又一雪涕，一太息也。因由是此如花去死近矣。（英文稿略）

　　會計本利懲之徒，貪婪之噁心如石，鎮日唯計其獲之利益，亦絕不恤，耕夫為己而苦。（英文稿略）

　　會計之婦，亦地出寒微，固一農家女也。自少力苦，性亦悍劣。洎驟富，輒輕視貧人，若鄙其不如己之福命也。（英文稿略）

　　今此女易名阿玉，反侍候其當日侍候己之人。回首當年之事，不禁羞絕。又思昔日之樂趣，則淚顆恒繫于睫毛也。（英文稿略）

　　噫！伊從父出是室已三年，雖貧甚，然尚有愛母，日撫養之，保守其免受世界之苦。是以幾不解自梳其髮，今則賴阿誰邪。（英文稿略）

　　其主母待伊如尋常之婢，夜則席地而臥，且予之衣甚少，莫禦寒風侵肌骨。食每不飽。夜間恒凍餒，獨睡慘淡之隅，太息且哭。（英文稿略）

　　昧爽輒興，鎮日勞苦，事亦無了。及夜間，四肢疲茶，倦眸慵張。還須侍候其主母作葉子之戲。因渠固酷好此也葉子即俗稱十五胡。

　　玩葉子每過夜半，阿玉侍側。身常骨羸，纖纖之手，強執其水烟筒。詰朝平明，又須起聽候。（未完）

《時事畫報》1907 年第 7 期、第 8 期、
第 10 期、第 13 期、第 14 期、第 15 期

畫《山水》圖

　　蟄虎戲墨。

《時事畫報》1907 年第 8 期

畫《梅花》圖

　　金杜陵女士小品，哲夫戲筆。鈐「喆夫」方形朱文印，「雪唭厂」長方形印。

《時事畫報》1907 年第八期

畫《山水》圖

　　雲山蒼蒼，江水泱泱。先生之風，山高水長。哲夫。鈐「喆夫」長方朱文印。

《時事畫報》1907 年第 8 期

小照自題調寄百字令

起來自鑒，者頭顱絕好、誰當斫爾？嗟我不辰生此世，究竟何辜何罪？七尺匪人，廿年厄運。大難伊胡底。生奚足數，死憎其太遲矣。　頻年異域流亡，哀鴻旅燕，瑣尾身無寄。血淚一腔何處灑？徒寫嗚呼文字。峻岵膚莪，毛邱覽葛，家國今如此。昏昏八表，長宜一瞑不視。

《時事畫報》1907 年第 8 期

傷時人歎五更

荏苒年華付逝波，棘心時事奈愁何。塵塵大局伊胡底，百載渾如一剎那。大陸沉淪無起日，人海決茫歷劫多。虧我此身好像飄萍跡，無端撫髀悔蹉跎。頻年異域流亡慣，羌無樂土駐行窩。脫網遊魚哀釜俎，驚弓飛鳥怯繒羅。臨睍宗邦何處是，樹雲彌望極目蕭疏。迢遞鄉關相去萬里，我欲歸兮沒駱駝。搔首呼天天不語，東方病國幾時瘥？何故野文隆替懸殊甚。請看日出扶桑照大和，無奈遠羇彼國來求學。石借他山強仄切磋，啜其餘沫成何濟。返哺母國願都訛。今日撫景生情心若攪，百無聊賴唱首惱儂歌。等我同胞婦孺來謳曲，譜描時事勝過吟哦。眼見日薄西山天已暮，景短桑榆轉瞬便過平。不覺月光欲上燈初掌，又聽譙樓之上鼓敲鼉。

更報一，思仄茫茫，憂向中來不可當。第一想起盜風日熾尤堪警，算來後患正方長。望吓國中何處有樂土，荇藿遍地任披猖。閭閻驚擾無寧日，路途艱險乏周行。撫之不集有甚甘籠絡，殺之無盡未免費周章。試想天道生人原性善，何事好人不做做強梁。未必故將生命供孤注，作奸犯律自陷災殃。大抵生計困難無以自活，迫得鋌而走險暫救危亡。穿瘑跳壁偷生活，勝過飢寒交迫救死無方。逼為非法又陷於刑戮，原其心志未必盡像無良。未知何日得際昇平運？物阜民康國勢昌。庶免斯民塗炭苦，安居樂業共慶熙攘。

更乍轉，二敲時，迷離夜色動幽思。念及千萬飢民無告訴，呻吟待斃急甚燃眉。天災迭降誰能禦？旱乾水溢歲饉年飢。災區浩蕩漫無極，災時延久沒窮期。無量哀鴻嗷遍野，幾多春燕泊無歸。支篷架室豈得禁平風雨，爨骸烹子那處有屍廎。田乏麥苗難挖食，桌無木屑怎為炊清江飢民有挖田中之麥苗以為食，有將椅桌磨成木屑以為食者？可憐老弱填溝壑，尚餘少壯任流離。暴骨堆骸憐餓莩，怨魂淒魄護僵屍。人生到此天道寧論也，吾民不幸怨阿誰？總係凶災何國蔑有。政府斯時速要濟施，倘若坐視死亡猶不救。咁就吾民生命賤等

沙泥，徒把天人尤怨原無謂。苟欲圖存急要振哀。奮臂一呼創平病起，永能自立好過備受陵夷。

更又報，已三聲，月明如水浸中庭。夜已漸深人漸寂，此時百感越叢生。聞道會黨紛紛潛遍內地，或時崛起或時平。金戈鐵馬烽烟警，鶴唳風聲草木兵。曩日惠州聲復漢統，去歲萍鄉又報不寧。本係一閧之師難以禦敵，烏能立把政府來傾。螳臂當車何濟事？徒流頸血史冊留名。笑佢何為偏作大逆，弄到家破人亡慘不勝平。精衛豈堪填巨海，枉捐生命事無成。睇吓多少官場何等好做，博得功名赫濯累代簪纓。許多會黨誠無狀，況且成王敗寇已當厎真評。

更漸促，四更頻，愁多夜永緒亂如棼。風淒露重添幽恨，虫咽鵑啼倍斷魂。講到黨獄風潮何等惡烈，近日比較從前緊要萬分。我恐漢朝黨錮於今見，唐代清流自古聞。文字激些猶賈禍患，會黨株連不辨偽真。三木嚴刑誰不伏法？終身苦禁永遠沉淪。第一昧良巧宦將功討，肆行羅織真正地黑天昏。取締學堂新律又見，禁封報館周內深文。上書尚爾遭嚴譴何某，拒約依然要錮身。正是冤沈海底沈難雪，怒生江上浪翻銀。豺狼當道唯人噬，釜魚砧肉有氣難伸。總係未悉人權何日還天賦？永享自由平等作個天民。

更到五，夜將闌，燈殘月落更覺寒單。四壁蕭然甘索寞，萬慮俱灰剩惱煩。翻思覆想原無益，可奈撫時感事愈心關。更來一事添淒咽，無端使我淚汍瀾。提起在外華僑何限苦，忍淚含聲覓食艱。服役賃傭非所論，含辛茹苦少安閒。酷例苛條何忍道？十年廿載未曾刪。

哀呼慘籲憑誰恤？踐蹂鞭笞任被殘。十數萬生靈旋踵盡斃，四百兆同胞袖手忍看。記得前年抵制今也成何事，好像銷烟斂霧息浪安瀾。未揣我國民心理怎樣？愛國無心已見一斑。今日忍望太平洋岸畔，遺民無告那冀生還？我為招魂賚楚些厎，臨風遙祭展金旛。捨得國勢能強權自復，吾民何至受此災難。虧我越想越思真不了，正係淚枯腸斷更心殫。不覺月沒星稀天轉旦，又見一輪旭日射回欄。

《時事畫報》1907 年第 8 期

畫《以罟取魚》圖

北海之濱以罟取魚圖，哲夫抄攝影。鈐「有守」橢圓朱文印，「哲夫」白文方印。

與法國公爵坡他薀士 Pouitales 同舟，坡語余曰，吾足跡遍寰宇，見酣酒絕鮮者唯中國耳。戲答之

君言吾國無酣酒，我見吾國人盡醉。酣酒能教舉國狂，勝於舉國長昏睡。

何必題三闋調寄醉花陰

鐵纜拉車上峰頂，軌道如梯凭。仄讀車弔半空中，險過昔遊西蜀蠶叢徑。
回頭碧海明於鏡，廛舍堆絕鏡。檣艦互滄波，宛看兒童，玩耍西湖景。

奇峰峭削樓臺迴，看危欄蟠嶝。看複道行空，時見羽衣仙子雲間並。
春風搖曳雲無定，或敲籠屋頂，或橫鑠廊腰，卻要迷人，疑是神仙境。

吾身究在何方域，是化人城郭。是海上仙山，我試問山間芳艸幽木。
都云與我曾相屬，共我臨風哭。舊日主人翁，漫責我無情為他人綠余去年
登是山，有句云「佳人雖屬沙吒利，解似文姬返漢不（平讀）」，他邦節度使，竟欲執以難我。
吁！自號文明者，亦以文字獄，干彼都人士之言論自繇乎。

讀劉南寧予《時事畫報》書畫

卤方有美人，天天字香山。愁緒織續事，哀潮發文藻。願作葊英烈 goa danc
法國女豪傑也，又稱 The maid oilean，事詳德國 Sehillen 之詩，似勝蘆蘭好（英文模糊

難辨）。靪金先鑄君，昕夕馨香禱遷延路政者請看圖上 Radum 字，是否 Radium 之誤，匃示我。哲附及。

寒食

不曾聞絕水見《魏書》，底事欲藏烟？亡士心如灰，何須就火然「不知何處火，來就客心然。」李崇嗣《途中寒食》詩也。

香港客次，清明節客有問余何不歸省墓者，口占答之

孔云不修墓，亦不答問死。未信有靈魂，胡為偽孝子。

清明燕於洞天廈酒闌帥筆

有花有酒過清明反王禹偁詩，身世依然似野僧。嗟我無家緣甚事，寔慼妻國釣虛名余舊作有云「我妻（反讀）釵拿已半生，盎洋款寔百身輕。詎知若個俛子美，不許阿儂更用情。」又云：「妻國搜述願總違。盧騷一世事全非。愁家愁國愁千種，為甚叢吾七尺微。」吾心苦矣。

與廣州灣法國節度使郭德祉 Gautiet 同舟，談及法國不認天主教為國教事，有感作

劇烈若謙勵 Henu □，慘如那破侖。未能除是禍，誰知今自淪。昌黎斥佛佛不絕，東坡呵鬼鬼不滅。貯看民智日通瞻，自然佛鬼同時竭。

海裔有孤城

海裔有孤城，三角依山結。斜陽臥廢礮，錯楚迷頹堞。城外樓閣連，城中烟火絕。太息舊官衙，若為祆廟設。

書草草草堂主人聞鄰家撻婢聲慘有感作並勸女詩後

二百三十字，字字淚橫臆。大哉慈善人，先我作敲拍 Gouyei。

（原作附錄）有女不擇婿，甘向富家鬻。豈不知所苦，貧賤輕骨肉。富家女嬌養，驅使若禽犢。一語或偶乖，威振蒲鞭肅。一事偶或違，手撮雲鬟禿。身上無完膚，三旬九食粥。身上無完布，寒天手屢縮。路旁見爺娘，有淚不敢哭。想其初生時，父母懸心目。未飢受之粢，未寒為之燠。日盼女長成，早貯黃金屋。時乖罹禍患，分手淚盈掬。欲圖免飢寒，反博蒲鞭撲。傷心貧家女，何不死溝瀆。嗟爾富家兒，何不女誡讀。天地本好還，聞語應觳觫。汝縱免為婢，汝女應報復。我更勸我女，御下須婉穆。稱呼同姊妹，出入易裳服。彼亦天所生，彼亦母所育。家富權作主，家貧即為僕。免存主僕心，好造兒女福。毋效殘忍輩，貽玷我邦族。

圖人正憫奴婢禍烈，思創不買奴婢會。有友繕是詩寄圖人，云見於香港某報者，圖人讀之，欽紉無涘。書後二十字，以誌敬景。第原稿自隱姓氏，蒹葭秋水，徒教我翹首海天，瞻仰岡極。倘作者不棄，請惠一書寄北海英領事館署蔡哲夫。自述蹤跡，許我訂交，寔圖人深望也。有守附志。

《時事畫報》1907 年第 9 期

畫《獨石》圖

吾鄉薛劍公，明之遺老也。每畫獨石圖以寄慨。余亦喜畫石，但取破筆亂揮，以銷壘塊耳。豈敢方前賢邪！哲夫，丁未殘春。鈐「喆夫」朱文方印。

《時事畫報》1907 年第 10 期

畫《荷花》圖

　　吾家藏大滌畫甚夥，而先太史春颿公曰：者般野筆，不宜學也。余固不信，試臨之，果不得萬一。哲夫，丁未殘春。鈐「有守」朱文橢圓形印。

《時事畫報》1907 年第 10 期

畫《石》圖

　　哲夫寫意。

《時事畫報》1907 年第 10 期

英國風俗

耶穌誕前一夕，兒童以襪懸於床頭，父母家人以食物實之。

耶穌誕，取小松一株，樹於庭中，剪綵懸燈於上，曰聖誕樹。

耶穌罹難日，食十字葡萄乾餅。（英文略）

三月二十五日，以樹葉藏於衣底。

五月一日，舉國少艾，當曉露未晞，適野採五月花。（英文略）。姊妹行中，舉最豔者冊為五月花後。（英文略）以五月花結冠冠其首，為是日韻事之領袖。

又五月一日，舉國人士以五色絲帶繫車之馬韁。

九月五日，小兒結草為人，以火焚之。曰燒階霍士。（英文略）

禮拜五忌剪髮削爪。

每當上弦月下，將囊中銀圜反覆實之，以求財也。

以馬蹄鐵懸門前，驅鬼也。

以白色為吉，黑色為凶，黃色為妒忌，綠色為忠厚，藍色亦吉，再醮婦衣灰色。

新船入水時，以酒一瓶破於船脣。

野行見野兔橫路而過不利。

途中與出殯相遇，不利，應回繞棺而過，以解除之。

野間驀見白兔，不利。

反著襪一日弗覺，大吉。

坐梯下不吉。

燕來巢於家，吉。

十三人同席不利。

破鏡主凶事，有夫之婦尤忌之。

餐時兩刀誤交，主口舌。

餐時鹽誤墜案，不利。應以刀剔少許，棄於左肩之後，以解除之。

茶葉泛於杯上，主客至，長而硬者為男，短而軟者為女。拾出寘左手之背，以右手拍而卜之，一拍而去，即日至。拍第幾次而去，第幾日至。

耳鳴，有人說己也。

手足麻木，有人慾害己也。

一噴嚏有書至也，二噴嚏有人慾吻我也，三噴嚏有凶事也。

建造立基礎時，置一銀圜於下吉。

新鑿井以鍼祀之，吉。

新制錢囊以牛舌之尖實囊中吉。

班鳩多情之鳥也，定情者宜食之。

燈花，少艾以卜於婦之兆。

女子出嫁上車時，家人以米及舊鞋擲之，吉。

有守案英國者，寰宇間文明之大國也。而亦有此不可解之風俗。鄙人之惑滋甚。

《時事畫報》1907 年第 10 期

答鄧季雨

行年廿六百無就，祇算狪諳九譯端。十方方言言各異，肇允人間識字難。小子安敢作異服，聊取自在造身章。不解趨時衣裹音「翁」，外國衣也服，自家愛我好衣裳。

《時事畫報》1907 年第 10 期

畫《蘭花》圖

於今舉世艾盈要，香草誰人慰寂寥。豈謂當門才被刈，罹尤如我恨難銷。余題吾鄉尹青喬《紉蘭圖》句，實以書余之憤也。哲夫。鈐「有守」朱文橢圓形印，「成城子」朱文方形印。

《時事畫報》1907 年第 11 期

畫《石》圖

此亦臨意大利二千餘年古本，哲夫志。鈐「有守」朱文方形印。

《時事畫報》1907 年第 11 期

畫《壽石水仙》圖

臨胡公壽前輩筆意，哲父。鈐「哲」白文方印。「外圓內方」朱文錢形印。

《時事畫報》1907 年第 13 期

畫《交趾石》圖

吾有友自交趾歸者，以一石示余，高僅盈尺，而疏瘦玲瓏，鬼斧神工所不及。余足跡遍天下，未嘗見小石有如此通透者。喆夫識。鈐「喆夫」朱文長條印，「懷古」白文長條印。

還珠亭有感

夜光今已落人間，入手明珠孰肯還。別有傷心誰省識，還珠亭上淚潸潸。

海角亭解佩刀刻柱題詩

海角飄零客，登臨海角亭。蠻煙橫絕塞，蜃雨入南溟。亡士孤魂斷，中原一髮青。愁來潮勢湧，淚洒浪花腥。

五黃山下遇霧，戲題五黃廟壁調寄憶王孫

弗關名利逐風塵，也作天涯失路人。試向黃冠一問津。五黃云，爾是知津 （姑蘇之音問津《府志》昔有樵者迷路，遇黃冠五人，指示得歸，因名。今山下有五黃廟。

條風關露宿

三十里也無路室，五十無候館。勞勞長征人，惆悵春日短。煙雨滿荒郊，彌望人村斷。今宵何處宿，少客應愁懣。撑橇作行床，差幸東風暖。枕劍虞虎

狼，衣帶何曾緩。夜深萬籟絕，孤月來相伴。杜宇鳴驛廋，修篁弄鳳珸。此韻都幽野，把我塵襟澣。酣然一夢足。日出宿煙散。起行山澗邊。掬水肆齦齦。

《時事畫報》1907 年第 13 期

畫《梅花》圖

師華光長老筆。哲夫。

《時事畫報》1907 年第 13 期

丁未端陽調寄五福降中天

劍蒲旗艾無端綠，屈子曹娥同哭。彼痛親亡，此哀國難，兩種傷心慘目。都叢吾獨，甚節物撩人，淚珠琲簇。還道今朝，地軸同化滅真樂月前香港《南清早報》載，美國某天文家謂是日地球與彗星相撞而滅。　　恨不消沉大陸，第十方蹂躪，驚魂撲。問辟兵繒《風土記》曰：五月五日製長命縷，一名辟兵繒，阿誰解製？嗟余命，

何須續。因癡有愛借《維摩詰經‧問疾篇》句，猶願生存，不辭楚毒。為我眾生，造無邊幸福。

《時事畫報》1907 年第 14 期

送何寶章之英倫遊學調寄歸朝歌

漫雲震旦將淪替。須曉是英雄造世。倘教舉國盡如君，者時那怕強鄰掣。透知優劣勢。吾人應竭吾聰慧。豈輸佗，但須猛省，匪信終無濟。　弗管甚家庭專制。弗管甚閨房伉儷。任他嬌淚似長繩，也難把此行蹤係。矧正當壯歲。何須惜眼前生計。異日歸，淑身淑世，償子今朝鷙。

還記漢江同鼓枻。擊楫中流如逐誓。匆匆一別又經年，念君時凝仄讀天涯睇。素知君志銳。肯教無價韶光逝。驀然行，宛無掛閡，愧我渾如欽。　參商左與君分袂僕離香港五日，而君到，未及握別，悵也奚如。教我望洋增佗儌。況君切切放奴心，殷勤囑咐阿儂繼。多君重勉勵。倘能寸笠同游說，願君歸，笑看祖國，久矣無奴隸。

《時事畫報》1907 年第 14 期

畫《松》圖

在吳門盛氏家見鄭所南畫松，縱筆豪邁絕倫，殊無矯作。其人忠耿，於丹青餘事亦可見之間偉。圖人也不敏，竊不企罔匱。哲父。鈐「有守」朱文方印。

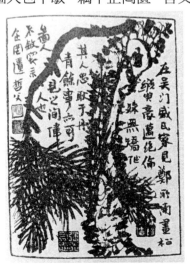

《時事畫報》1907 年第 15 期

畫《靈芝壽石》圖

母苦瓜和尚真蹟，丁未夏五哲父記。鈐「吉道人」白文方印。

《時事畫報》1907 年第 15 期

悼馮夏威

　　是詩乃乙巳秋七月下浣，臥病西湖中孤山之巢居閣，聞海上同胞開追悼先生會而作也。今日偶檢行笈得之，噫！歲若星移，事如泡幻。明日又先生成仁兩載矣。未亡人，撫今追昔，悲何如也。丁未夏六月十三日，有守記於北海。

　　自從統一專制始，武德斲喪無聞矣。豈知今日吾黨中鄙人與先生均人鏡社員，忽有一人投袂起。其人為誰馮夏威，少失怙恃貧無依。弱植十七辭故國，孑身航海孤零飛。十年寄跡墨西哥，目擊同鄉被虐多。先生右武兼尚俠，那肯傍觀喚奈何。揮拳時憤不平舉，擊仆胡兒毋敢拒。胡兒受創詎干休，竟逮先生於非所。先生尚俠一身輕，縲絏雖苦無怨聲。同胞僉睹知非罪，賄賂才能脫犴局。先生善賈且節儉，年來蓄積盈千算。今春忽動故鄉心，結束行縢離海岸。同舟適遇梁濟桴名渡，香山人，人鏡社員。乙巳春之美國遊學，被誣眼疾，不許登岸而回。丙午留學比國。丁未春，徙於巴黎，與談時局重憂慼。悲聞祖國將淪替，問誰戮力任匡扶。語語激烈盡且痛，救亡莫若先軍國。未平外敵恥為家先生原欲返國娶嬪，誓與國民盡天職。先生決志挽中華，刻意求學不還家。思航東海問兵陣，道出春申暫駐車。小作勾留一月仍，沉沉東海無消息。雨夜吾來大我堂人鏡社之堂也，燈前問字才相識時先生補習國文也。魁梧氣宇殊沉雄，傲岸昂昂武士風。愧我誇毗如女子，自憐生長綺羅叢。十年投筆辭故鄉，學術思登大舞場。傷時橫灑新

亭淚，空具雄心力不強。多君梟勇欽無已，由是過從毋或止。每聆讜議照肝腸，早識先生薄生死。亡何拒約風潮生，頓觸先生舊感情。座次每將陳事說，淚填胸臆不成聲。痛勸吾人毋畏縮，務使爭除此苛約。庶幾海外萬同胞，得免胡兒肆凌虐。且恨平生疏國文，前來語我意殷殷。教余詳記禁工事，差幸周傳舉國聞。忻然敬納先生意，余雖不敏勉從事。時余運動正勞形，足研脣焦神若醉。夜夜歸來汗浹裾，擁燈拾筆更編書。先生慮我太棘梂，邀葉先生來伙余葉先生名高，字矩貽，南海人也。遊幕海上，亦人鏡社員。時患腳氣病，將返里調治。因先生留之，助余編書。葉公亦樂而忘疾。延至七月初，病劇返里，竟於八月初六逝世。噫！非因拒約，葉公早歸，可以不死。今竟死矣，媥寡兒孤，家徒四壁，若誰恤之？余每念及，心如飲矢。是時海上諸同志，感奮精神盡義務。風潮怒湧舉國狂，要使胡兒皆悚思。方謂胡兒膽盡驚，必能廢約順輿情。詎識悠悠過兩月，絕無效果徒空爭。先生慮此終無濟，朝夕窮思求善計。透知世界不文明，彼正強權吾寡勢。緬思往事已嗟詫，薄覽時艱重可悲。可憐一把英雄淚，除卻孤燈沒個知。計時先生將東渡，同胞祖餞寵行路。先生一躍登壇臺，發聲愁慘悲且怒。祇將拒約勸同胞，力爭當莫避鋒□。直至淚橫言始止，不曾撰語別吾曹。詰旦同胞攝影還為中國寰球學生會同影相也，即今留傳世上，亦由此相放大，云留一影在人間。當時未喻先生意，怪他此語太無端。詎識先生已得齒，宅心不曾向人語。一夕忽問何劍吳名鍔，當時人鏡主席，美領事署在何處？何子聞之滋用疑，婉辭告與堅尼之。若匪何子斯一語，轟轟烈劇未可知。先生至此齒略變，蓄意深謀不外見。夜深揮淚作遺書，熱血奔潮挾雷電。面似春風心似雷，先生用意良苦哉。泊夫六月十四日，先生一去不歸來。先生此去事何事？直造美國領事署。竟捐軀殼為同胞，要把胡兒膽魄褫。可憐烈士成仁時，我輩同胞尚未知。惱煞胡兒偏狡獪，竟同疑蛻匿君尸。剖裂肺腑鳴不平，雖無阿姊如聶嫈。自漢以還獨見者，忍聽寂寂沒其名。且君死亦作雄鬼，與彼為鄰豈安逝。萬般籌劃求君骸，那顧赤雲如火厲。奔走勞勞一月奇，才能獲得先生尸。傾淚攜泥築君冢，碧海蒼天莫喻悲由外國墳山遷瘞於廣肇山莊，時唯梁濟桴與鄙人而已，相對大哭，抔土為之淚濕。似此英雄曠代無，可憐愛國竟捐軀。當時尚有無知輩，或云傷勇或譏愚。詎知古有雍門子，越甲鳴君請先死。愛國那聽人侮國，先生之死誰敢議？猗嗟舉國盡揚朱。只知體魄求歡娛，捨身救國繩君武。橫覽中原更有無，我哀哀君哀未已。那知橫禍加諸己，我編我書勸我民余輯美國華工禁約紀事初二三編，為美國政府干涉。事見乙巳七月上海各報章，彼竟寢筦絕無理。自由權被他人侵，豈可默默如病喑。逮我亦不畏非所，

猶恐解散團體心。海上同胞愛我深，勸余避地如虎林。湖上烟波皆慘淡，西泠松柏盡傷心。錢塘潮起思君勇，岳墓風號動我悲。可憐追悼先生日乙巳七月二十日，為同人初次開追悼會，正我孤山臥病時。

《時事畫報》1907 年第 16 期

畫《相思樹》圖

相思種。學倭人寫意，喆夫。鈐朱文方印「喆夫」，白文方印「不聰明處是多情」。

《時事畫報》1907 年第 16 期

畫《清供》圖

几供青石筍，盤敉黑珊瑚。徐天池句也。自注云：黑珊瑚者，海底之樹也。枝而不葉，其堅如鐵。今有守於北海亦采得，果如所言。因圖之。有守識。

《時事畫報》1907 年第 16 期

戲擬有辮佬致冇辮佬書

　　某某足下，萃拔時流，名策新界，幸甚幸甚。邇者剪髮之風尚矣，狂流所簸，波靡一時。究厥濫觴，大都一二醉心歐化者流，或信教之徒，或遊學之子，奉皙種若神聖，視朝粹等糟粕。異端是攻，誇毘惟尚。囂風四扇，舉國盲從。團團帽影，橐橐履聲。彳亍市衢，恍如身在倫敦巴黎中，而我大清衣冠毀地殆盡。此宿儒先輩，所以掩袂太息者也。僕雖無識，亦嘗聞古聖之遺訓矣。身體髮膚，不可毀傷。又曰，非先王之法服不敢服。奈何妄謀之子，罔知所鶩。其尤甚者，崇尚西哲，詆譏先聖。尊君親上之不講，革命自由之昌言，其禍之深，害之烈，真甚於洪水猛獸也。僕切杞憂，實慼然不可終日。將以為不及百年，此其戎矣。幸值周前督蒞粵，痛絕新潮，力保故習。軍學二界，咸復舊觀。往日操衣砐帽，此時馬褂長袍。往日短髮種種，此時長尾辮垂垂。使非有排新守

舊願力最熱之周督，安能強遏毒萌，而造福於吾粵也。加以予人自新，改過不
吝，煌煌五品之功牌，大加獎勵。嘻嘻！公等何幸，有此遭際也。言念及此，
僕翻恨不早斷其髮，而膺今日之榮銜也。雖然，各有前因莫羨人。僕德固涼，
安分可已。邇者公之同志，復回原形者眾矣。變厥新式者多矣。或戴假辮，或
蓄長髮，裂操衣而毀禮服，扯革履而折鞭竿。則依然閫閫然一西關仔之派頭也，
派派然一考試仔之樣子也。若而人者，豈梁飲冰之所謂流質者耶，抑所謂良知
也。奈何公獨怙惡不悛，執迷罔醒。抑僕聞之，服之不衷，身之災也。公上既
見惡於有司，下復不適於社會，何倔強之甚耶？語曰，人誰無過？過而能改，
善莫大焉。伏願公三復斯言也。某謹白。

《時事畫報》1907 年第 16 期

畫《石》圖

哲夫揮汗畫。鈐「奇璧」朱文方印。

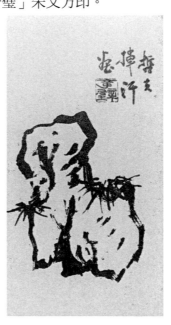

《時事畫報》1907 年第 16 期

既非顯長官

既非顯長官，亦非名太史。傲岸入官衙，門狀片白紙。放炮開中門，筍輿
竟進裏。直抵花廳口，恭迓如星使。下輿一握手，何曾與半跽。急急延上座，

傾耳聽辭旨。公事早言訖，閒譚更樂只。佯作解文明，禮宜見妻子。旋呼肆瓊筵，酒肴極豐美。嬌女進羽觴，豔姬陳玉簋。媚譽客綺年，豐樣美容止。客亦偽殷勤，示愛以欲是。酒闌客微醉，呼燈歸去矣。借問此何人，聞道一亡士。主人禮何隆？因他外國仕。

天涯亭削鉛題壁

前宵海角愁心碎，今日天涯望眼賒。恨海欲填知有角，情天思補信無涯。

牛郎歎情

起板扶著鋤，牽著犢，銀河而去。慢板金風涼，玉露爽，又是七夕佳期。俺牛郎，原本是一個無知之子。朝耕雲，暮犁雨，備閱勞疲。半生來，已捱盡農家滋味。那榮華，與富貴，好願都違。若遇著歲有秋，尚能度日。倘凶年，真不了，痛迫寒饑。想下凡，與上界皆同一致。看起來，農人苦，那個不知。虧幸我得內助，還堪慰意。只是個不常會，長日分飛。中板一年間，一相見，為時無幾。真果是，柔情似水，佳期如夢，好事全非。自古道，會少離多，怎能暢適。一個是躬耕隴畔，一個是紡織瑤池。一個是無家曠夫，一個是空幃怨女。歎一聲，限於造化，其又何詞。最難堪，廝守終年，難越盈盈一水。實可憐，望穿雙眼難慰相思。萬難防，彼此隔河，豈無別事。細思量，自由風氣何處無之。看年來，濟濟青年已實行自由結婚主義。主人翁，主人婆，一雙一對出入相隨。一個是硼帽鞭竿，一個是絹遮革履。卻令人，空房獨守，撩起情絲。怎怪得鼎鼎大名女界志士，頻招物議。大抵是自由氣習不用蹈矩循規。看將來世風日下，伊于胡底。思想起，不由我疾首攢眉。只如今一刻千金，歡期已至。且拋下悲風憫俗一種情癡。舉目間，又只見烏鵲成橋，如虹架起。收板邁步兒忙趨路，不用稽遲。

畫《梅花》圖

哲甫。鈐「蔡」字朱文方印。

畫《石》圖

余昔年在春申見任伯年作蓮葉皺石,筆絕磅礴,有拔劍斫地之慨。丁未六月苦炎不成寐,叱筆作此,不知有合伯年用筆否耳。喆夫戲寫。鈐「有守丁未年作」朱文方印,「石癖畫石」白文方印。

秋感賦

秋色無邊,秋光黯然。秋聲蕭瑟,秋氣澄鮮。發秋興兮渺渺,撩秋思兮綿

綿。那堪撫身世，感華年，詩擬少陵，哀吟不定。賦披宋玉，悲緒彌牽，履末運之流年。百靈倏忽，撫搏心之時事。萬念難捐，若夫萬里去國，異邦流落。屹屹窮年，孳孳困學，露零董子之帷。風振馬生之幌。茱萸滿徑，登高而離緒紛乘。荊棘載途，避地而藐躬焉託。怕舉頭而望月，樓登王粲而故里迢迢。灑熱淚於西風，曲操鍾儀而知音落落。青春如逝水難留，素志付斜陽寥索。光華易晚，憂大器其難成。劫運靡終，恫河山之非昨。至若絕域亡命，救國心存，十年羈泊，一擔乾坤，殘照西風。盼斷故家陵闕，雞聲鶴唳，驚殘壯士夢魂。奈中心之未遂，竟大勢之陡翻。悲脾肉之徒生，未肯壯心冰渙。撫頭顧而增感，空留玄鬢霜痕。乃有陳涉召眾，翟義從軍。勇氣貫於虹蝃，義聲薄乎霄雲。塗肝腦於沙漠，暴軀骨兮丘墳。月黑雲黃，連天殺氣。笳聲角語，滿地驚塵。高賡出塞之歌，邊聲四起。慨唱從軍之樂，如焚鼓肅殺之黃魄。好掃蕩乎白氛，復有黑獄紅蓮。禁錮終天，文字之禍蔓及，羅織之獄株連。英英之青年瘐斃，耿秋之赤膽弗悛。星沒燈昏，寒月並鎖鐐一色。雁吟蟲唧，悲風與慘氣同傳。忍痛以生，命懸薤露。抱香而死，心比菊堅。沉冤三字獄，埋恨萬千年。別有愛國情深，傷時志切。運履危亡，勢淪覆滅。神州板蕩，霧瘴煙迷。同種化離，水深火熱。三光不晝兮永沈冥，四海吞聲兮長鯁噎。地慘兮天愁，山崩兮川竭。何堪遘索寞之辰，撫悽愴之節，飄蕭木葉。愴身世之流亡，搖落江關。恫家邦之顛滅，所以動庾開府之哀詞。枯賈長沙之淚血也，吁嗟乎！秋有感兮秋更悲，感因秋兮感不支。秋日漫漫猶有艾，感慨悠悠無盡期。

《時事畫報》1907 年第 19 期

女兒嫁國吟

壬寅客滬瀆有所憤而作也。比見鄧子季雨亦有是詩，但狂縱之言，媿弗如鄧子辭況之苑藉遠甚。

橫覽中原二萬里，更無一個是男兒借花蕊夫人句。印本自鎵神降世英法二國皆稱自由神為女身，想得自希臘之雅天 Atfens，不嫁秦法國譯中國曰秦 Chine，蓋自秦得名也，今借用之郎嫁阿誰？

男兒兩兆非男兒，女兒兩兆一女兒。嫁與秦郎洵曰妃讀作配，另生兩兆好男兒。

《時事畫報》1907 年第 19 期

讀鄧季雨詩口占二十字以贈之

奇奇奇奇奇句有連迭五字者，如鄭所南之「逢人但點頭，好好好好好。」文信國之「丹厓翠壁千萬丈，與公上上上上上。」汪大有之「休休休休休，干戈盡白頭」是也，綺想不可思。使我手一弖，如讀睎麗 P．B．shelley 英國大詩家，與擺倫同時，詩思奇絕，不可思議詩。

《時事畫報》1907 年第 19 期

學生淚

心事湧恨無窮，蒿目時艱棘刺五中。虧我本係一箇學生，年紀甚少。講到與亡有責，不論老大兒童。恨我生不逢辰天降亂，湊着國家多難遍地災凶。自從甲午敗戰東鄰日本後，國威掃地，不復能雄。戊戌之時倡議變政，維新之局不能終。又到庚子拳民災變起，立召聯軍八國似虎如龍。個陣痛深創鉅屢次遭磨折。千年獅夢稍醒惺忪，知道若唔興學一定難興國。只見朝野提倡上下同，學務漸興科舉又廢。青年學子鬱蔥蔥，只望進步無涯。從此直上，中國前途，豈不日隆。無奈好願難償期望絕。興言至此，只有怨一句天公。鍾虐我地同胞何太甚。睇吓近來學界，不覺意悶心慵。若問現時景象將何似，真係好像花殘葉落，漸漸歸空。惡果惡因都有種種，若然說出，不禁苦上加重乎。一則民智初開風氣始振，過渡時期未必大眾一衷。有的老儒學究原頑固，盡情破壞阻力叢叢。當此學務萌芽，容乜易摧折？你話根株未穩，怎奈得暴雨狂風。何況我國人心多冇定識。莠言易惑，一嚇就噲聽乎從。一則近日吾民生計絀，謀食艱難苦絕百工。加以苛捐暴斂無時已，整到米珠薪桂遍地哀鴻。難救自身焉望救國？縱有賢良子弟學費亦難供。縱然生計難謀得，亦任佢賦閒游手日就愚矇。一則功名心志誰能免？個個都望名題雁塔，步上蟾宮。既停科舉上進都無策，只有學堂一路可以登庸，誰想政府偏偏輕視學界。不蒙信任枉費前功，何況舉貢復興，趨者若鶩。惹起科名之念倍加濃。一則我地學生唔識檢點，少年氣盛似火如烽，自由平等昌言慣，豈知惟口可興戎。雖則過渡時期應不免，或者將來民氣日盈充。惟有頑固父兄原不少，見此浮囂氣習怎可相容。一則連年黨獄好似風雲起，橫翻大地到處流沖，波累株連無論那界，就中影響學界最多蒙。想起近日安徽徐氏一案，幾許無辜受累幾咁冇陰工。遠如吾粵猶難免，黨人之禍斃過獸猛泉洪。總係原因複習更僕難為數，難怪近時學界退化匆匆。只恐一沈難復起，腐敗依然往日嘅內容。你話中國前途何忍問，重望乜人民智識一自

自開通。定隨猶太波蘭轍，種奴國滅，內外交訌。個時補救何能及？令人想起恨填胸。虧我越想越思心越痛，無端講起亦不禁血淚流紅。

畫《番荔枝》圖

俗呼番荔枝，與波羅蜜同類而小者。嶺南隨處有之，而瓊州最盛。熟遲於波羅蜜，約在七月間。丁未秋，哲夫抄生。鈐「中郎後人」朱文方印。

戲擬閻羅王廣築枉死城捐小引

蓋聞得廣廈之千間，盡棲寒士。盡闢封疆之萬里，用殖移民。是以人樂安居，物思得所。轍間涸鮒，尚待勺水而蘇。林表飛烏，猶託一枝之寄。矧夫荒塗野鬼，無主孤魂，游蕩無歸，流離不定。啾啾啼苦，天陰雨濕之秋。渺渺蹤沈，白土黃泉之路。問若敖之鬼，久歎餒而弔屈子之靈，空賡楚些。陰司路連年落魄。望鄉臺何處招魂，此枉死城之所由建也。然而日就月將，年湮代遠。居者日偪，來者無窮，人滿之患固堪憂，而鬼滿之患更可累也。每屆世遷代嬗，酷戰劇爭。烈魄忠魂，鬼雄神物。紛來杳至，寄跡棲身。一自揚州十日以還，嘉定三屠而後，他如兩王入粵，聯軍破京。回首前塵，傷心縷數。曾幾何時，而此城已實偪處此矣。邇者黨獄繁興，羅織纂密。蔓延廿一行省，株連無限人民。地棘天荊，豺狼當道。風瀟雨晦，魑魅橫行。陷井深於浚淵，網羅密

於數罟。五毒之刑疇堪，三字之獄迭起。盤冤莫雪，積憤漫天。痛絕虎弁狼差，肆行構陷，秉鈞當軸。不肯哀矜。斷頭臺幾許無辜，流血派誰人枉作。往車不息，來軫方遒。而此城已無地可容矣。朕慈悲素抱，胞與為懷。深憐慘淡冤魂，羈縻無地。擬築棲流之所，稍安無告之靈。惟是外債屢還，財源孔絀。新政待舉，庫帑空虛。以故行善施仁，有心無力。伏望救時君子，濟世仁人；或急進少年，知名志士；或學堂教習，出洋學生。各具熱心，共襄美舉。咸有傾囊之助，以為集腋之成，樂捐助於善堂。何如此舉，殷報效於王室。莫比其功，出一金勝收十級浮屠，傳一人愈誦千聲佛號。仁看冤魂十萬，爰奠厥居，德湛九原。感銘靡既也已。是為序。

《時事畫報》1907 年第 22 期

題吾鄉尹青喬紉蘭圖

堂開五葉葩囂塵。內美修能自在身。誰識當年吾故里。有人風調類靈均。芳叢　修發秋風敗，何處重尋五葉堂。欲託靈根無寸土，祇教佩裏作芬香。

于今舉世艾盈要。香草誰人慰寂寥。豈待當門纔獲戾，離尤如我恨難消曹操殺楊脩，劉備殺張裕，僉曰「芳蘭當門，不得不除。」然不佞頻年動輒得咎，似更無端。

《時事畫報》1907 年第 22 期

與張傾城結婚答和親友

荊棘兩無相，神交此幬中。生鏊非樂土處此亂世，與蘭寄懸崖，同一慨也，開恥向清風。屈子言情苦，憶翁寫恨工。邀崇君子佩，欸寘素心同。

《時事畫報》1907 年第 24 期

附　賀蔡君哲夫與張傾城女士結婚　在宥

婚姻不賀人之序，古訓具在吾應然。對君未敢徇經誼，亦匪從俗相周旋。賀我神州眾男女，家庭漸次恢人權。賀我生平建論議，務合法意無頗平偏。證人簽字作小草，墨光輝映桃華箋。有懷翹楚丈夫志，似此自繇何難平焉。問齡況復異三五，驚鴻照影宜來翩。西風似解弄裙帶，秋星有意明當筵。奚須矯異說嫁國，且過平蜜月懽無邊。懽無邊，新少年。他時事業萬億千，好偕纖手扶危顛。輒生中歲相迫矣，為君寫照難為妍。

《時事畫報》1907 年第 23 期

附　聞家哲夫與張傾城成婚走筆寄賀　蔡琴綠

搜述十載遍關山，信是英雄敵體難。今日結縭誇曰妃，知非德貌特幽閒。澹如高士最鍾情，人菊剛宜命妾名。未若使君新有婦，嘉名恰似自天生。

《時事畫報》1907 年第 24 期

附　從琴綠處索得哲夫畫蘭漫題一律　蔡箴仿

未挹芳蘭氣，神凝尺幅中。素心何皎潔，秀彩自靈空。涉筆留真相，傳香擅化工。幾回低想像，品格將無同。

《時事畫報》1907 年第 24 期

附　蔡哲夫先生與張傾城女士成婚詩以賀之　葉翰華

此身許國欲無家去歲哲夫過我，曾道及此意，十載豪情信未差。畢竟英雄亦兒女，已開並蒂紫薇花成婚時七月。

參軍豈止工蠻語哲夫漢學固深，兼通數國文字語言，笑譯回文錦字斜。想見畫眉仍健筆，可人夫婿勝秦嘉。

《時事畫報》1907 年第 26 期

畫《芝石》圖

可以引年。喆夫偶作嘉禾派。鈐「吉道人」白文方印。

《時事畫報》1907 年第 28 期

言情小說誰薄倖

夜色將闌，人語尚雜。有聲喁喁，自斗室中出，曰卿，曰我，曰哥，曰妹，曰卿卿我我，曰哥哥妹妹。其聲細碎，若男若女，錯雜不可辨。

已而聲似漸大，聞男子聲曰，我愛卿耶？抑卿愛我也？又聞女子聲曰，妹愛哥耶？抑哥愛妹也？種種男女相悅之情，溢於言表。

天漸曙，聲始寂然。無何，自鳴鐘鏘鏘報八下，見一男子，自斗室中，惺忪而出。伊何地？新填地之浣花樓也，浣花樓之妓房也。男為誰？客也。女為誰？妓也。

客林姓，名弗詳。妓名阿桂，初林好作狎邪遊。花天酒地，殆無虛夕。然美人恩最難消受，物色久之，花叢竟無當意者。

好事多磨，古今同慨。林既老於花叢，纏頭費不知擲去幾許？不免自悔前此者之無謂。心口相商收山之想，不禁躍躍，噫嘻！使林果作收山想，則此誰薄倖之小說，何由作乎！

林有友，名亞瓜，姓字亦未詳。粵人呼行四者曰瓜，而手段闊綽者亦曰瓜。伊殆行四歟，抑手段闊綽歟？是不可知。然林之作收山想，屢矣。後卒不果，則以瓜故。

一日，林偶他出。忽聞喚聲曰，若林老幾。非乎。適從何來？今何處去也？

林視之，非他人。即應之曰，亞瓜，久不見，君又何往？瓜曰，默坐寡歡。思得一逍遣法。今遇君，大佳。同往可乎？

林曰，君云何？逍遣法何？謂，同往非不可。請明告乃行。瓜曰，何必。吾豈拐汝者？林不忍固卻，亦步亦趨，相將去。

紅日西沈，電燈吐餤。林與瓜，行行復行行，至一處，危樓高聳，對宇通衢，人影衣香，燈紅酒綠。滬之四馬路耶？港之新水坑耶？否否，粵之新填地也。

林至，反步欲走。瓜急挽其手曰，林老幾，何為者？君與吾酒杯底幾摸至滑，何生外至此？

林曰，君不知耶？吾收山矣。收山幾一星期矣。焉有復作馮婦者。君勿作打齋鶴，渡我再升仙也。歸休歸休。

馬仔北，本市井無賴。日事賭博，得資輒作狎邪遊，曬桂蓋已年餘矣。

桂與馬結不解緣，桂誓從馬，馬誓脫桂籍。心心相印，殆非一日。奈有心無力，徒作奢想。桂曾語馬曰，君且耐，妾當有以報君。願勿負妾也。馬喜，復自矢。而往來仍無間。

是日，馬適賭敗，徘徊道左。偶一舉首，則浣花樓也，逕入，入阿桂之房。

桂見馬，喜色現於面。語馬曰，君來乎。昨宵有客至，幸此時來。若早，則沖房矣。

言末已，馬怒形於色。曰，虧汝虧汝尚語我。憤然欲行。

桂急止之，曰，毋爾，何不能容物，玉成吾兩人者，此客也。

馬反怒為喜，問計。桂附馬耳，喁喁然語。馬點首者數數。桂復曰，記取三月後，吾計成。君待我於河干。勿忘！勿忘！

馬意以為遲。桂曰，欲速則不達，天下事大抵然也。前此年餘，君不以為遲。區區三月，獨嫌之耶。

馬喜諾。桂又曰，此後若來，宜令僕婦引進。若逕入，萬一客在，則費唇舌矣。

馬俱諾。兩意纏綿。久之，馬欲去。桂以林所擲之纏頭費，分為二，以半與馬。馬喜得博資，欣然行。

至暮，林自至，不待瓜之作打齋鶴。桂聞林至，急支頤坐，作不豫之色。林行近桌畔，低喚曰，卿卿，我來矣。

桂猝回首，作強笑狀。林視此心，搖搖不自持。桂喚茶喚煙，林急言不必，吾稍坐自去。

桂曰，無此理。既來，寧有稍坐即去者？豈妾與君，僅一夜緣耶？妾向聞人言，君乃情種，妾得侍君，幸也。君何棄妾？

林急曰，卿不棄吾。幸矣！吾何棄卿？吾不去，吾不去！

乃解囊，令治酒。宴罷。一夜之綢繆如昨。

林曰，吾至時，卿何故不豫。桂曰，心事也，而可以告人者。林曰，卿以吾為何如人？不告我，將告誰也？桂曰，本欲以告，與君識未久，若告君，君必鄙妾。人知之，亦將鄙妾。妾所以不告，所以不豫也。

林曰，若然，卿不然。吾知卿心事矣。乃探懷出銀幣一小束，與桂曰，卿之心事，其以此耶？請視此足否？

桂拆視，則港紙五十元也。乃曰，得君如此，報之何日？午間，阿媽語妾，言明日會期，令妾籌三十洋。則三十足矣，不敢多取。言已，以二十仍納林手。

林曰，毋爾，既以與卿，卿自用之。區區者非所吝也。桂曰，勿強妾，妾非貪此者。君若此，直以金錢買妾歡耳。情種固如是乎。

林不能強，復納於懷。盡一夜之歡，乃歸。

既歸，逢人輒道桂真情種，非金錢可動搖者。

自此每夜輒往。林以夜，馬以日，忽忽將旬日矣。

林既暱桂，即鎮日營金屋，為貯阿嬌計，言於桂曰，吾將與卿偕歸，卿亦從我乎。

桂竊喜。曰，君詒妾也。幾見未與阿母訂償，即欲與妾偕歸者。

林曰，卿從我，我即訂議，弗吝也。卿祇言果從我否？

桂曰，然歟。妾實不信。林曰，然則如何而信？桂曰，盍誓乎。林曰，易耳，然卿否從我，亦請一言。桂曰，君果不妾，豈妾獨棄君？從！從！從！

林曰，彼既有此意，何必誓？桂曰，不誓即詒妾。林曰，誓！誓！誓！於是林誓，桂亦誓。演一場發誓之活劇。

誓已，桂即令人喚假母至，指林曰，伊欲脫兒籍，母索價幾許，請一言為定也。

母索值亦甚廉。林慨然諾。議既定，訂日交易。林喜，即歸措資。時屆桂與馬約三月之期不遠也。

馬既與桂關照，越日即知其事，乃於河干，如計以待。

林既措資，向母交納。是夕，即設讌於浣花樓，賓友畢至，羣向林賀。林喜欲狂。

焚琴煮鶴，大煞風景。躊躇滿志之時，偏遇失意之事，夫亦大難為情矣。

林之意，是夕飲罷，翌日即以肩輿迎桂去。豈意好事多磨，席未終，一陣轟傳，鸚鵡已透籠飛去矣。

警耗一傳，林魂幾喪。急曰，桂逃乎？逃將何往？同座之友，亦覺掃興。相與指揮龜奴，偵騎四出。越日，而桂已獲。

桂既獲，鴇思送往林家，桂不從。曰，吾意不屬林，誰樂從之？鴇曰，不從亦大佳。苟風塵亦未厭，番閣亦可。桂曰，吾身已非屬汝。誰肯番閣？無已，請送吾於善堂。聽命於善長仁翁，鴇不得已，聽聽。

林聞桂已獲，喜曰，有福依然在，合浦珠還矣。欣欣然往浣花樓，思與桂偕歸。

既至，始知桂已入善堂，不禁大怒。然戀戀於桂，無所用其怒。乃日躑躅於善堂之門，冀得與桂一見。試桂作何語。守門者屢阻之，不得見。

林斯時束手無策，奈情實鍾於桂，擺之不脫。一日忽遇一友，云，能與之往桂所。林喜欲狂，急懷資廿元，與友往。

至善堂，桂僅與一面，不發一語。林出資，託友與桂。桂受之，仍不發一語。少焉，竟返身入。林悵然，與友俱歸。

居積月餘，林聞桂已從良去。訪之，知為馬仔北。乃歎曰，吾自作多情，彼乃屬意於一無賴。吾過矣，吾過矣！

述者曰，欲海茫茫，情天渺渺。花世界中如桂者固多，如林者亦豈少哉。噫！樂此者盍自返乎！

《時事畫報》1907 年第 28、32 期

《時事畫報》1908 年第 2、3 期

十一月四日張傾城十六歲生朝戲贈一詩

歸我才三月，卿生十六年。漫云同父事余行年廿六矣，地喜似師賢。二八韶華好，京姟哀樂纏。羅蘭雙偉業，與子共期旃。

《時事畫報》1907 年第 31 期

與佛君佑之、內人張傾城遊廉陽洞

舊雨與鄉里，遊眺喜相偕。海裔探龍窟，山前數鸞箄。潮生斷歸路，藤度遏縣厓。石罅浪花發，飛來濕繡鞋。

《時事畫報》1907 年第 31 期

畫《桃花》圖

喆公。鈐「哲父作」朱文方印。

《時事畫報》1907 年第 34 期

張鳴岐之乖方

孟公綽，為趙魏老則憂，不可以為滕薛大夫。今之張鳴岐，得毋類是歟。

張鳴岐以白面書生，荷岑前督知遇，倚之如左右手。岑督粵時，一切設施，惟張之言是聽。辱捕黎紳一案，人亦為之解曰，使張鳴岐在，岑督斷不出此。然則岑督之有張也，不猶曹孟德之有郭奉孝，孫仲謀之有周公瑾乎。

不圖張一任封疆，其措置乃若是之乖方也。鎮南關之役，張聞警失措，陸榮廷克復後，乃大張旗鼓，飾其詞曰巡邊。實則向無亂之地，遊行一過，苟且塞責。然此猶曰苟且，未見其乖方也。其乖方為何？則有不情不理，不可思議之奏摺。

張日前上一奏，言官兵與匪，在南寧血戰七日，士卒並無絲毫傷損。政界中人大笑，僉謂其不近情理，還質諸張，張亦當爽然自失也。

雖然，張豈故發此不通之論哉。毋亦舉止失措，得失心重有以致之焉耳。鎮南關失守，張幾獲重愆。一旦克復，其狂喜之狀態，為何如耶。急欲邀功，則此不通之論，不由不發矣。

嗟夫！才難，不其然乎。張為岑所識拔，亦眾所推許者尚如此，不足道之。碌碌餘子，更可知矣。

《時事畫報》1908 年第 1 期

與塾師書

諸先生函丈：聞諸先生以學使改良私塾，考驗塾師，大動公憤。幾次集議，稟求免考。嘻！諸先生此舉，愚意以為甚無謂也。諸先生多宿學之士，且能聯合同志，固結團體，研究教育，實行改良。具此種種新思想，自不敢以冬烘學究待諸先生。諸先生盍平心靜氣，而一聽鄙言乎。夫改良私塾一事，為求學者計，抑亦為授學者計。諸先生，授學者也。授學本意，諸先生自思之，非熱心教育，以導後進乎？若斤斤然為圖區區之束脩計。則愚不敢與諸先生言矣。所謂為求學者計，學使牌示，言之已詳，不必贅及。若云為授學者計，則亦諸先生所樂聞也。諸先生多科舉中人，考試一道，非苦諸先生所難者。學署之石案，貢院之矮屋，諸先生未嘗以為苦。今日之考，豈難於昔日耶？不必求免者此其一。諸先生樂於教育，自非絕無學識，誤人子弟者。經此一考，將聲價十倍，又何慮館地不穩？館穀不豐耶？不必求免者此其二。前此學界，多以諸先生為蒙師，各學堂之聘先生者絕少。若經此一考，領有文憑，將與各學堂教員，各

無歧視。不設私塾，各學堂不乏席位，不必求免者此其三。之斯三者，學使為諸先生計，用心亦良苦也。諸先生非熱心教育則已。如其然也，磨礪以需，勿負學使之期許，斯可矣。若一味蠻爭，只期免考。諸先生試思，豈免考即可教學一世乎？諸先生，諸先生，尚其念之。

《時事畫報》1908 年第 1 期

巡警局豈無事可辦者

記者曰，嘻！巡警局豈無事可辦者？嘻！巡警局真無事可辦者！於何見之？吾觀於近日之水陸巡警局，可為此語之証者，蓋有二事。

禁婦女入茶麵館，其一事也。此禁令非見於今日，今日所見，再申之令耳。惟此。吾乃曰，巡警局真無事可辦者。

婦女入茶麵館，本非法律所禁。如謂關於風化也，恐滋流弊也，則防範之可矣。何必禁？更何必再禁？巡警本有保護治安之責。應辦之事，其重要於此者，夫豈無之？乃他且不顧，而對於此事，獨斤斤然三注意焉。

嘻嘻！巡警局真無事可辦者。

水巡警大放煙花，開麻雀局，又一事也。興寧布船劫案，為水巡警破獲，各報且讚揚之，功不可泯也。及起出原贓，沽值三千餘兩，以半價充賞。總辦巡官，各瓜分二百金，餘則在海珠總局前，大放煙花，且大開麻雀局以遣興焉。

嘻！是舉也，其慶功耶？破獲巨案，既得佳譽，又分巨金，珠江之風景大好，不於此而尋也。烏乎可哉！然水巡警且自思，破獲劫案，視為不朽之功。斯已矣。贓物應失主領回者，乃竟踞其半耶？踞其半而瓜分之耶？分得贓欵，即可恣情尋樂耶？然則水巡警局者，殆設之以分錢耳，放煙花耳，又麻雀耳。他事可不問也。嘻嘻！巡警局真無事可辦者。

告語巡警局，果無事可辦，則不辦可也。作此無謂之舉動何為。更作此腐敗之舉動何為。

《時事畫報》1908 年第 2 期

滑稽習畫帖序

錢蒼魋音腥，近來出一套滑稽畫嘅教科書，要我作篇序喎，重限定要俗話嘅四六句添。咦，難題嚟嘛。之點好話唔作呢？好，作佢。

　　記得舊時嫩仔，去讀書淨冇心機，因係往日老師，見畫音或畫音話就挦打也手板。總唔準畫公仔，重話館規要嚴。咁樣限學生哥，實係野蠻到極。如果畫畫係冇益，乜學堂當佢係專科？之佢想教亦唔能。的書館可知唔曉野，淨係成日讀書唔歇口，總會厭煩，點似有時寫畫可開心，反為勤力。況且好多樣野，要嚟畫至做得嚟做標本呀，畫則呀，至到行兵打仗畫地理圖，好多野都要嚟畫畫至得嘅。故此想落呢門，唔肯學不知幾笨。講到至唔等駛，出筆單又揾得錢，點解話冇來由？慌寫畫嚟啦左紙呢。錢蒼魅所以出呢部圖畫教科書也，之咁教嘅法子，要有工夫。第一令人肯留心，第二要人易入手，畫出披蔴斧劈，點得人明？寫成枯木石頭，有邊個曉？故此歷來好畫，肯寫笑談。唐解元之拉車唐六如自寫行樂，以車載妻子，己則裸衣牽之，其妻在後，以荊條鞭之，若牛馬然。亦畫之諧者，米南宮之拜石，亞佗相撞，老密打交，雞仔嚟揸鞭竿，蛤姆亦穿袍褂近來紙煙包中，恒有此等戲畫，殊可發劇，個肚幾乎笑刺，雙手點肯放開，定必越睇越開心，自然越學越有癮。呢，錢蒼魅出呢套書，所以要用滑稽畫也。唉，近來世界，笑話攪出咁多，益曬畫家，資料唔憂到少。演吓手勢，用啲心機出呢部書，知個個學親唔歇手，好多幅畫，令人笑到要攣腸矣。

《時事畫報》1908 年第 2 期

浪子箴言

　　彼夫情緣已種，詎慳白水之資，孽債未完，怎醒青樓之夢？明是迷魂之洞，都向銷魂，尚曰行樂之場。第如尋樂，渠原假意，偏以為真。自作多情，見之不少。覺岸本來非遠，奈登者之寥寥。苦海真個無邊，惟溺者兮比比。噫！豈甘自溺，拚填欲壑以終身。能勿可憐。誤墮迷津孰援手？嗟彼浪子，吾不能無言矣。雖曰逢場作興，不妨選色徵歌，借酒澆愁，聊亦坐花醉月，雅人韻事，名士風流。買北里之胭脂，問南朝之金粉，本無心乎風月，小作勾留。等過眼之雲烟，姑為酬應。本不宜溫柔鄉裏，時時刻刻流連。脂粉叢中，暮暮朝朝營役也。如浪子者，詩書不務，酒色是耽。始則問柳尋花，繼則眠花宿柳。憐卿憐我，結露水之姻緣。曰妹曰哥，作海山之盟誓。枕邊齧臂，極兩意之相投。帳底銷魂，謂三生之有幸。由是千金不惜，祇求彼美之歡，萬慮皆輕，那管家人之怨。視情既重，不啻如山，其樂未央，豈遑思蜀。不知果從因結，樂極悲生。不堪回首前情，況復傷心後顧。或則黃金易盡，白眼加來；或則往日風流，雲時雲散；或則染成惡疾，悔作癡情；或則金屋未成，黃泉遽赴。許多後悔，

幾見前知。與其失足於他時，曷若回頭於此日。何苦美人關下，挫折英雄。寧向我佛座前，懺除魔障，消除煩惱。七寸管聊作警迷鐘，遊戲文章，幾百字且為浪遊鏡。

《時事畫報》1908 年第 2 期

四民諧話之四花薄命

某妓，既入侯門，不容於大婦，思下堂求去者屢矣。

花咁薄命，命薄如花。每想向著花神，仔細一查，往日鮮花一朵，誤種在污坭下。料不到花原有主，種了入帝王家。花魁占得，自必高聲價。傳來花信，添一種繁華。點估護花無力，好事亦成虛話。摧折花枝，花事便帶差。未必名花遭際，不過如斯罷。唉，花想透吓，花謝真還假？誰肯一任花容憔悴，別抱琵琶。

《時事畫報》1908 年第 2 期

近事小說警警警

一河兩岸，群舟蟻集。一小艇，容三四人，穿插其間。至一舟，艇中人蟬聯躍過，曰拿、曰鎖、曰搜。喧擾移時，果鎖二人，搜出布疋鎗碼等物，紛然搬運過艇，乃鼓棹去。

小艇者何人？水巡官徐士龍也，餘則巡兵也。舟，賊船也。被鎖者，賊也。搜出之布疋，贓物也。鎗碼，用之拒捕者也。

噫！了不得，了不得。同黨者尚有八人。汝輩當如此如此，勿使漏網。斯時徐語巡兵，兵領命，再鼓棹至賊船附近。

迎面又一小艇，坐四人，衣長衣。四望互語，如尋人者。巡兵乃如法紿之，四人果賊，果中計。蓋巡兵偽為指路者，賊不察，亦被捕。

噫！尚有四人。汝輩再如此如此，勿使漏網。巡兵又諾而去。既暮，四人亦就獲。

蓋巡兵授命偵探時，已薄暮，瞥見一小艇，形跡亦可疑者，因喝謂夜行無燈，須解局議罰，無與搭客事。賊不知其計，然亦無可逃，乃被捕。

全案破獲，修文解犯。各事既畢，總辦巡官等議曰，犯既提獲，辦法自有營務處，但起出如許贓物，辦法將若何？眾曰，沽之。沽之又若何？曰，以半充賞。充賞之法若何？乃議以三十份之一，賞出力之巡兵，余將若何？曰，瓜

分。更餘將若何？因更議得一消遣法。

珠江春暖，何可虛負。花地之煙花又大好，即以餘資盡購之，至夜乃大放煙花。

麻雀為消遣不可少之物，何忍捨之，又更大開麻雀局，盡一夜之歡。乃去。

此題上一警字，巡警也；中一警字，機警也；下一警字，奇警也。巡警能機警，而後能破案。破案後有此消遣法，豈非奇警？故曰警警警。

《時事畫報》1908 年第 2 期

粵謳水無情

情似水，水最無情。水呀，你一去滔滔，似極不應平。虧我每日臨流，偷照水影。想起當日十娘飲恨，都係你一水盈盈。人話女子生來，多半水性。水你把奴牽累，水洗唔清，我心事每思，憑水你做證。可奈水自悠悠，總有替我不平。我飄蓬水面，未曉何時定？想到水流花謝，更自心驚。自古話飲水思源，乜事我淪落呢個苦境。唉！唔見水應。話水係無情，水亦應要自認。未必要等到水心開時，正得好事成。

《時事畫報》1908 年第 3 期

時論自治會之對於袁世凱

二辰丸一案，識者亦預知政府無不退讓。蓋老大政府之外交，捨退讓更無政策。今日之無理了結，固意中事，無足怪者。

粵民對此，以為莫大其辱，於是乎國恥紀念會立，抵制日貨之議起。民心洶洶，不可抑遏。然此議倡之者誰？則自治會也。

紀念會與籌議抵制，有以為可者，有以為不可者。姑置不論，特開會之日，有一事為自治會為人所不敢為者，伊何事？則電請政府罷斥袁世凱。電河南袁氏，請治袁世凱不忠不孝之罪。此誠自治會空前未有之偉舉也。呵！

袁世凱為政府何如人？政府以袁世凱為何如人？袁世凱之辦此案，而實政府主之。人所知之者也。電政府罷斥袁，曷若電請光緒帝廢去政府乎。吾不意自治會之能力一至於此。奇！

河南袁氏，方以袁世凱為世族光。若云不忠不孝，然則袁世凱逆政府以行事乎？抑為家族中之何等罪人乎？袁世凱未開罪於家族，彼家族何為而狗絕

無關係之數人所請而罪袁世凱？然自治會竟發電矣。吾不意自治會之能力一至於此。益奇！

以此能力推之，既能請政府罷斥袁，能請袁氏治袁罪，則何不早發一電，請袁世凱強硬以辦此案。為尤愈乎！惜乎自治會竟見不及此也。

《時事畫報》1908 年第 4 期

雜文賀日本受中國抵制文

有強權，無公理。此言也，匪惟有識者言之。即下流社會，幾無人不以為口頭禪。嗟夫，強權之可畏，之可貴，一至於此。貴國自一戰勝敝國，再戰勝強俄，貴國之強權，駸駸乎一躍千丈。貴國之所以用強權於敝國者，無不至。而敝國之受貴國強權者，亦無不至。噫嘻！貴國其真強矣乎？在敝國視之，平日飽受貴國強權。當曰貴國真強矣。在貴國自視，慣施強權於敝國，當亦曰，吾國真強矣。嘻，蕞爾三島，人稱之曰強。自詡亦曰強。在記者視之，初未曾敢信貴國強也，自二辰丸案發，貴國之強，記者亦不敢不信矣。二辰丸一案，吾粵上而制府，下而商民，出全力以爭之者。貴國悍然不顧，以強權施諸政府，政府復施諸吾粵。心靈手敏。而謂強乎不強，粵之商民，不察事勢，譁然而起，抵制貴國。說者謂貴國受敝國抵制，貴國其危矣。記者曰，惡，是何言？如貴國者，亦足以受敝國抵制耶。敝國抵制貴國，誠足為貴國賀也。何云賀？賀貴國之強權，已達極點也。蓋強權不達極點，不足受人抵制。凡事皆然，美國其前例也。敝國以抵制美貨之法，而抵制貴國，是以美國比貴國也。貴國試自思，果能自比美國否乎？此記者之所以賀貴國，亦所以戒敝國，勉敝國。而預賀敝國也。敝國商民，程度遠勝於昔。貴國能施強權於政府，恐不能施諸商民。記者戒之，戒其毋暴動而抵制貴國也。勉之，勉其致力富強，以待他日貴國之抵制敝國。更令曾受抵制之美國，亦起而抵制敝國也。貴國抵制美國，抵制敝國，真強矣。如之何不賀也？記者此文，賀貴國耶。賀吾國耳。邦交尚在，願彼此好為之。

《時事畫報》1908 年第 5 期

戲擬改良巡警辦法為巡警造出奸案事

巡警，善政也。自有巡警，而搶竊之案日少，地方賴以安謐。巡警，弊政也。自有巡警，而姦淫之案日多，婦女因之喪節。噫！巡警巡警，善政耶，弊

政耶。雖然,有利必有弊,在有是責者,興其利而除其弊,斯可矣。不能謂巡警多犯奸案,而因噎廢食,置之不辦也。因思得改良巡警之辦法數條,錄登於報,當亦有是責者所樂聞也。

婦女所最喜者,靚仔,好心事,而巡警最多靚仔,又極好心事,其得婦女歡,宜也。不能為婦女咎,又不能為巡警咎也。此則宜改用五十歲以上,崩雞、豆皮、隻眼,且極草包者,此數者,婦女當挖眼屎憎之,而彼當巡警者亦自己信鏡,則奸案何從而起,所謂改良者此其一。

管仲設女閭,所以令軍士娛樂也。西國之兵艦,亦必置娼婆數名,蓋情慾一動,不可抑遏,設此所以體貼人情也。而巡警鎮日站街,即休息時間,亦無尋樂之所,奸案之多,實肇於此。此則宜改,宜飭知保良公司,及各妓院,每日準巡警若干名,隨意嫖舍,由巡警局給以憑證,豁免局賬花捐。因巡警月中所入有限,在保良公司,及妓院,亦樂得做此人情也。在巡警應為人認真看雞,以為之報,所謂改良者此其二。

勾脂粉人有同情,若淺街窄巷,多婦女聚集之所,巡警得在此值班,不知幾生修到。改之之法,凡有此等所在,思在此值班者。宜當眾開投,以價高者得。巡警非富者,必不能出重價,投之者既無人,奸案當不禁自絕,所謂改良者此其三。

滿城巡警,管之責在總局,一家婦女,管之責在家長,其責均在一人。然滿城巡警人多,管之也難。一家婦女人少,管之也易,宜用有雞仔唔管管麻鷹之法,申明權限,卸其責於各家家長,倘各家婦女,有與巡警交談者,科家長治家不嚴之罪,若奸案既成,無與於巡警,家長應得之罪,仍照科。如是,則各家管束婦女,奸案又何從而起,所謂改良者此其四。

右四者,當局視之,或以為過於儇薄,然吾甚願其以為儇薄也。惟彼既知為儇薄,當思有非儇薄者而善處之,此則區區之心也。

《時事畫報》1908 年第 6 期

械鬥

甲乙兩村,相毘連,素相敦睦。

甲村有小兒,自塾歸,與乙村兒戲於道。始而戲,繼而口角,終而用武。甲非乙敵,甲敗,哭至家,訴其事於父母。

父怒曰,彼兒欺我也。命兒前導,至乙村,乙兒尚口講指畫,逞鬥勝甲兒

之能。甲兒指之曰，欺兒者，是此人。

甲父徑執之，力摑之。乃釋之，與兒偕歸。

乙兒又哭訴至家，父母亦怒。父曰，彼欺我也。吾當投諸宗祠，豈吾族人，慣受人欺者。

即傳簽至祠，紳耆畢集。乙父備述其事。一人曰，彼欺汝，即欺吾族也。是可忍，孰不可忍。無已，將與之鬥，好事者爭附和之。

甲村聞其事，又集議。一人曰，以此小事，欲與吾族鬥，是又欺我也。彼欲鬥，斯鬥矣，夫何懼。好事者又爭附和之，議既成。兩村各築砲壘，設險要，購軍械，甲村遇乙村人，毆之。乙村遇甲村人，擄之。此擄彼毆，彼擄此毆，兵連禍結，兩村死傷不可以數計。

甲村恐村人鬥心之或懈也，號於眾曰，能生擒乙村某等人者，受某賞，能獲乙村某等人首級者，受某賞，重賞之下，必有勇夫，於是乎甲村勝。

乙村既敗，又號於眾曰，能復此一敗之仇，更能轉敗為勝者，受某賞。銳氣復盛，於是乎乙村又勝。

甲村敗，召外寇助之，復再勝。乙村又召外寇，而乙村又再勝。

官聞之曰，是殆可為也。即率師至，曰彈壓。勒繳槍械，勒交不肖子弟，兩村為之一空，官乃歸兩村之鬥始息。

喆曰，粵人勇於私鬥，其起釁之由，每以小故。如此甲乙二村者，不有外寇之乘，不有官兵之掠，彼之鬥將無了日也。是故械鬥既息，官反自以為功曰，微我彼之禍害有窮耶，嗟夫，吾粵人抑何愚也。或曰，此吾中國之尚武精神固如此。

《時事畫報》1908 年第 6 期

唔配

你實在唔配俾我，把你雞蘇，試想雞蘇左你，我有乜野貪圖。睇死你裝成大架，真正欄嚟有，念在相與在從前，不必穿你個煲。一吓你突然咁恃，恃邊個係你看雞佬，呢會人人抵制你。問你亦知無。我見得抵制你嘅人究竟係唔噲做，咁樣子分明把你聲價擠高。明知你向日本來無一樣好。你湏要曉到，知機還要及早，咪話一時有翼膽就生毛。

《時事畫報》1908 年第 6 期

人地咁話

不過係人地咁話，乜你就信以為真。未必世間真有多等負心人，究竟係邊一個負心，唔怕把個心一問。未信得過自己嘅心腸，乜信得別個咁昏。你平日本係極精，乜一嚇得你咁笨。人有人家閒話，就當作心腹嘅時文。咬牙切齒，咁去把負心人恨。唉，無謂肉緊，想真唔係咁混。湏曉到人凡做事，總要少的沙塵。

《時事畫報》1908 年第 6 期

尚武精神蒙館

茅屋兩椽，書聲琅琅達戶外。

中一長者，踞案高坐，兒童十數輩，錯坐其前。長者厲聲曰，讀書，童於是乎讀。長者又以界方擊桌，曰，讀書。聲厲於前，童又讀，聲朗於前。

約數時，讀已輟，長者出。

戶內讙然，如趁市。童以師出，若囚遇赦，手舞足蹈，以塾中為遊樂場。

甲童曰，散嬉何趣，盍以座中人，別兩黨，兩黨角鬭，見一雌雄。眾若贊成，吾為一黨首。

眾曰，善。乙曰，汝為黨首，領一黨，吾亦為黨首，領一黨。

兩黨首，各領黨人，以書案椅子，圍作壁壘，以毛掃等物為器械，候黨首之令。

黨首令一舉，兩黨人齊出，彼來此往，若大敵。

無何，隆然一聲，乙黨潰矣，壁壘破矣，乙黨有責其不濟，率眾再舉。

無何，隆然又一聲，甲黨又潰矣，壁壘破矣。兩黨中，頭破額裂者，三四人。

各喘息，移時，思再戰。戶外咳嗽一聲，眾失色，師回矣。

師見之，怒不可遏。喝問誰為此者，眾指出兩黨首。

師乃舉界方，分別首從，責掌心之數，各有差。

復喝令讀，童不得已讀。

至暮，師曰：放學。讙然一聲，諸童皆出。既出，聚於一處。兩黨首曰：此老物妄作威福，此仇不報，何得謂人。眾曰：必報必報。言際，甲指曰：來矣。盍環擊之。眾曰：善。

師果自遠蹣跚至。殆近，童群起，推之撲，拳腳交加。及起，已鳥獸散。

舊日之教育，有此先生，有此學生。蒙塾改良之所以不容緩也。雖然，師

也，生也，出手便打，非尚武精神也。

《時事畫報》1908 年第 7 期

國恥紀念

國恥紀念會，何由設也。以二辰丸案，引為莫大國恥，設此以爭之也。是篇何由作也。是非國恥紀念會所謂矣。吾國之恥多矣，特撮錄之，以告談國恥者，吾蓋不願其蟄蟄然以辰丸案為國恥也。

一、中國土地，有屬諸外人者，有為外人勢力範圍者國有土地，不能守之，恥乎不恥。

二、中國鐵路、礦產、稅務，種種利權，有屬諸外人者，有為外人勢力範圍者國有利權，任委棄之，恥乎不恥。

三、中國人民，有入外籍者國有人民，不能保護，恥乎不恥。

四、中國人民，有甘作漢奸者國有公敵，不能排斥，恥乎不恥。

五、中國人民，屢受外人苛虐同是人類，賤如牛馬，恥乎不恥。

六、豚尾、翎頂、纏足、鴉片、神權，皆足惹外人訕笑者國有惡俗，不知改良，恥乎不恥。

七、某國公園，榜於門曰，狗與華人，不得進內本國之人，外人視之如狗，恥乎不恥。

八、中國銀圓，別省即不通用，洋圓隨地爭用國有幣政，不知整頓，恥乎不恥。

九、二辰丸案亦可恥之一。

餘若各國之拒公使，公使之鬧笑柄，政府之媚外，種種皆屬諸行政者，無與於我國民，不必為之紀念也。

《時事畫報》1908 年第 7 期

聖人洞房

康有為在烏約，與一中國十九齡極美貌何姓之女子，行中國舊式結婚。其聖人婆之像，《金山大同報》已經刊出，以供眾覽。

心意亂，竟如麻，虧我天涯漂泊歎無家，正係十年一覺維新夢戊戌政變正今剛及十年。不堪回首憶中華，當日倉忙出走受盡奔波苦，列國周遊到亞美利加，幸得此地亞丁多到極，咁就大行聖道十有九分拿，開會保皇為領袖，此間不足又顧而他。日本美洲來往慣，呢得個聲名播邇遐。歷年在此算遂得心頭願，單

有一件掛在心腸未免帶差。中饋無人難放得下，心掛掛。聖人婆安在也，託盡
冰人共我去調查。曾記得，過春申，枇杷門巷去銷魂。美人雖有總不向我垂青
睞，真正係最難消受美人恩。不免背人偷自歎，青眼無人識聖人。流連不捨計
有多時日，卒向煙花叢裏種下情根，有志竟成唔係假話。獨惜黃金易盡聖亦憂
貧，至到登舟逃妓債。名士風流自有真，避債幸有小舟方免受困。丁未運，孤
幃長抱恨。最難堪處係月夕花晨。回想起，聖人婆，音容笑貌尚在心窩。大抵
我命中唔帶得故此中途別。第二個依然如此奈不得天何，三妻二妾本屬尋常
事，再娶之時亦不算多。冰人託盡共我求佳偶，大抵欲成好事定必多磨。屈指
算來都有好耐，未續琴弦點唱得歌。記得前年本埠有個人家女，二八年華身姓
何。我斯時一見傾心了，便屬意於渠不肯放疏。點想又有別埠之行終亦不果，
當面錯過，幾回呼荷荷。好在今時今日依舊結絲羅。

　　休笑我，呢個癲康。呢吓良辰選定又做過新郎，人生樂事係洞房花燭。況
且何氏生來美貌夾大方，最難得佢咁青春唔怕我老。觀音彭祖演一套鳳求凰。
西例結婚唔似中國舊式，我保存國粹免鬧洋裝，講起做官我應份陞到有品，試
問誰人學得我保皇。著起一品衣冠唔算僭份，拖翎戴頂鬧吓官腔。耳畔鼓樂喧
天新婦到了，迎入廳前兩個拜堂，禮儀種種都行罷，肆筵設席滿堂光。念著嬌
妻神已往，魂魄蕩，心事難言狀。好容易至人散抽身走入洞房。忙下禮，叫句
多嬌，記得從前會面我就心血來潮，幾回想共你諧親事。往日未嘗所願幾咁心
焦，未諧好事我皇亦無心保。講不盡往時心事百無聊，孤枕獨眠雙腳冷，晚來
總是可憐宵。今日有緣千里終相會，勝似織女牛郎會鵲橋。問嬌父母點樣子生
嬌你，令我見嬌容貌便要魂銷。我得親芳澤豔福真唔小，真正妙，你我心相照。
此後願嬌幫我保住大清朝。

　　嬌欲語，卻低頭，含情默默更含羞，聖人此際歡喜真無限，迢迢長夜講不
盡風流。聖人開口再叫句卿卿你，卿呀，乜你春山低鎖似極不勝憂，是否心中
嫌我老，不然何事卻含愁。抑或你生平多講革命，聽見保皇兩字欲絕儂不。嬌
呀，你咁樣子立心呆到極，未必清朝共你九世仇。你共我食毛踐土本份天良有，
受恩深重要祝佢萬世千秋。況且近來各處趨風氣，請開國會向政府要求。若果
因此含愁嬌你就錯，提親革命點得干休。但係你咁立心就唔肯嫁我，一定嫌吾
年老結不得鸞儔。我剃了鬍鬚嬌你願否，唔係假柳。豔福應消受，但得賢嬌中
意肯共我綢繆。嬌聽罷，欲笑媽然，聖人何事咁風癲。你自剔鬚干我甚事，人
老何曾轉得少年。我有心嫁你自必唔嫌你。因何越講越長篇，保皇革命我亦都

唔理，總要你聖人行運斂得金錢，等我有得食時兼有得着，婦唱夫隨快活過仙。第一你咪周圍咁去把架嚟丟盡。記得你從前幾咁可憐，你門下聖徒都要約束。咪重到處招搖弊過老千。我呢番說話料你一定唔中意，雖然逆耳，究竟係金石良言。你有心愛我，就要依從我。能否依從講一句先，咪怪我一入你門就求你立憲，如果賞面。不用求幾多遍，康聖含糊答應極盡纏綿。

《時事畫報》1908 年第 7、8、9 期

社會小說尚武精神爭花

飲客數輩，豪飲於酒樓。

開筵坐花，興高彩烈，忽一人下哀的美敦書，約拇戰，一人應之，拳即隨之至，彼來此往，互有勝負。

又一人曰，兩人互角，未足言勇，誰為元帥，吾打之，敢者只管來。又一人應之，拳又隨之至。兵對兵，將對將。戰許久，既判勝負，負者乃轟飲。

又一人攘臂起曰：打元帥仍以一敵一，未足言勇。吾打通關，汝輩各固壁壘，看吾勢如破竹也。眾皆堅壁以待，其人賈勇進，或勝或負，銳氣不少減。卒乃直搗黃龍，負者復轟飲。

已而醉倒數人，玉山頹者有之，若灌夫之罵座者有之，遂各散。

數人醉行於路，一人曰，打水圍，打水圍。眾曰，善。相率行，無何，至一處，相將入，入一妓院。

妓認為熟客，備極優待，意良殷。數人在妓房，或坐，或臥，或言，或笑，一室喧然。

喧擾間，房外譁然曰，醉漢至，醉漢至。速避，否將得奇辱。又聞僕婦曰，房有人，勿沖房。隔房可容駕，請來此。言未已，醉漢已入，隨之者數人，皆酒氣薰人者。

醉漢入，號曰，此吾相好，汝何得強奪。某老幾，汝不識之耶。

數人大怒，群起曰，識汝為老鼠，誰是汝相好。孟浪若此，思用武乎。

醉漢曰，來來來，吾豈懼汝。

此數人，彼亦數人，以妓房為戰地，妓房陳設，橫掃一空。

忽啤啤之聲徹耳，數龜奴引巡警至，格鬥者乃遁，而天曉矣。

喆曰此亦尚武精神之一也。

《時事畫報》1908 年第 8 期

徵童謠文

交七八歲，要細佬哥入去學堂。等十零年，做主人翁出嚟救國。英雄豪傑，都由咁樣做成。尊長父兄，點好講聲嬾理。細嚟如果失教，大嚟知錯就遲，此人之所以教仔讀書也。但係七八歲固之要學，唔通三四歲任佢去頑。落地孩兒，亦唔肯失教訓。處家父母，應份要點商量。教佢讀書，唔知聞味，教佢識字，未嗅過除。正話口講鴛居，點得身充鶴界。性情唔定，教乜野禮樂詩書。知識未開，曉乜嘢之乎者也。慢講話學唔倒，究竟係教唔嚟。若係唔理咁多，將來嚕壞，之又想教冇法，亦係幾難。都要出的工夫，想條法子，令自小就要醒醒，免到大重係呆呆。提起唱歌，嫩仔定然中意，教佢學下，大人亦可開心，總係哆唎味叱梳，固之唔曉。若係工尺合士上，亦唔嚕聽，月光光，照地堂，冇鼇答罋。雞公仔，尾拮拮，有乜中嘛。唱歌亦要維新，遇事唔興守舊。本報特出謝教，徵集童謠。諸君用吓心機，演來手筆，越淺越好，越白越啱。作篇文當為告白，隔幾頁重有投箋，所有章程，開列於下。

《時事畫報》1908 年第 8 期

土貨豈空言可振興者

振興土貨，人皆曰當今急務也。噫嘻，誠急務矣。知所務者，誰乎？吾見乎提倡者，言而已矣。贊成者，亦言而已矣，是皆空言也。噫嘻，土貨豈空言可振興者。

振興土貨，前未之聞也。即聞之，旋而寂然矣。辰丸案之後，振興土貨之議紛紛而起，然亦言而已矣。噫嘻，以空言而振興土貨，則土貨已振興矣，何貴發此空言哉。

非外貨，即土貨也。吾粵土貨，夫豈少者，新造大番薯、大石腐乳、西南豉油，是皆土貨也，是皆足以抵拒外貨矣。今之隨地演說者，非以勸銷土貨，為振興土貨乎。呀，日日勸銷，土貨曾多銷否也？此可見空言之無效也。

既知振興土貨為急務，宜思所以振興之之法。土貨之不足以拒外貨，其原因極顯者。外貨適用，土貨不適用而已。思振興之，則土貨縱未能優於外貨，亦足與外等。土貨將不勸自銷，不然，日日演說，庸有濟乎？即果如報紙所紀，聽者多為感動，亦一時感動耳。能保其過後不忘乎？即不忘，彼將何處求適用之土貨也。此愈見空言之無效也。

或曰，彼言振興土貨者，何計乎此。特以二辰丸案而倡抵制，又恐抵制之受外人干涉，更受政界之干涉也。乃號於眾曰：吾振興土貨耳，非抵制也。嗚呼，果如此也，非記者所願聞矣。

抑不然，以告者過也。空言者實事之母，將以有待也。嗚呼，以此解嘲，仍非記者所願聞也。要言之，空言必無濟也。

《時事畫報》1908 年第 9 期

滑稽小說　尚武精神女權

良夜及半，萬籟寂然，一室之中，殘燈欲滅。微聞有聲喁喁然，漸大漸急。忽而隆然一聲，一龐然大物，自牀下墜。呻吟之聲隨之起，忽又驀然一物自牀躍出，怒罵之聲大作。嘻嘻，何物、何事。墜下者，一男子。躍出者，一婦人也。婦躍出，指男子罵不輟。男子仰臥，呻吟亦不輟，惟不敢動。

婦擊指詈言曰：汝尚呻耶。即騰身跨男子之腹，如牛如馬，搥以拳，密如播鼓。男子不得已求饒，低聲曰，請息怒，不敢呻矣。

婦曰：果爾，故恕汝。乃起。男子覺痛甚，復呻。婦曰：又呻耶。再思跨而搥之。男子急曰：不敢，乃噎忍。

婦曰：雖恕汝。然此絕大案件，不訊確，汝將不服。汝起，吾訊汝。

男子曰：何必訊，吾服矣。婦曰：汝雖云云。然不訊，吾心終不安也，必訊。

男子曰：果心不安，則請訊。謂吾不服，則吾豈敢，乃起。

婦曰：汝今日自某屋出，果何作。不直言，有閫令在。男子茹不敢吐，婦之拳已舉，男子乃吐實。

婦曰：然則冤汝乎？男子曰：罪有應得，何敢言冤。婦曰：雖然，未足蔽辜。須再受責，為他日紀念。男子曰：足矣，區區事，紀念何為者。

婦曰，足乎，謂不足。舉手一揮，男子仆，復跨之、搥之，如前狀。其後如何，不可知矣。

嘻嘻，婦誰？男子之妻也。男子誰，怕老婆的都元帥也。

此則女界之尚武精神也，女權之發達如此。此等女子，尚謂之柔筋脆骨也。彼之老拳，肯放過耶。

《時事畫報》1908 年第 9 期

時評希望立憲者宜謝日人

辰丸案結而開國恥會，而倡抵制，而議振興土貨，而請興復海軍，而請開國會。噫，嘻，吁，無數大事，冲口而出，說得如許暢快，快哉！快哉！其希望立憲者，揚眉吐氣之時哉！

今試執途人而謂之曰：辰丸案結矣，宜號召同志，請開國會矣。聞者必以為狂，蓋辰丸案自辰丸案，國會自國會，風馬牛不相及也。以辰丸案結而請開國會，縱不曰狂，亦必以為不識時勢。在希望立憲者，當亦謂然也。豈知無針線，請開國會之議，乃發端於辰丸案耶。

夫風馬牛不相及，不止辰丸案與國會已也。即以抵制論，何關係於復海軍。以振興土貨論，何關係於開國會。數事並提，仍格格不入者。而彼則議矣，且各處嚮應矣，謂非希望立憲者之絕好時機也。得乎，彼乃無意得之，抑亦識者所不及料矣。

粵人素無團體，無可諱者也。請復海軍、開國會，重大問題也。然又不能無故而集議者也。即集議矣，其如聽者之藐藐何。彼議者即以辰丸案而議抵制，粵人視為最高興，最樂聞者也。因議抵制而及振興土貨，遂及請復海軍，開國會，一線牽來，絕無痕跡，其心靈手敏，為何如也。

復海軍，開國會，儼然立憲矣。政府以偽立憲示天下，彼固以為真也。果立憲，目的達矣。快哉！快哉！其希望立憲者，揚眉吐氣之時哉。

雖然，諺曰，無針不引線。請復海軍，開國會，非冒昧以求者也，不有辰丸案之作引，弗濟也。記者為之溯本窮源，故曰：希望立憲者，宜謝日本人也。

《時事畫報》1908 年第 10 期

君誤我有感時事謳以諷之

明係君你誤我，重話我誤了郎君。試想吓，邊個係多情邊一個係負義人。烟花場上擺出個迷魂陣，鬼監你自作多情，偏要共我溫。聲聲話能消豔福，乜事都唔緊。係咁有心憐念我，怕乜任你銷魂。我有日擺脫風塵，都係憑君你做引。點想當時唔着意，俾你耽誤了終身。重話我誤了君，奴實不忿。唉。偷自恨，君呀，你試把心來問，想番吓從前講過，個句乜嘢時文。

《時事畫報》1908 年第 10 期

奴誤你

　　就算係奴誤你，君呀，你亦攞唔番。你見得淒涼，我見得好閒。幾多世事，大抵你唔經慣。講出話奴奴誤你，就見好交關。共你咁耐交情，計起都係有限。點能樣樣替得你担煩。勸你此後識人，應帶吓眼。遇事要想後思前，正易得轉灣。呢會教精吓你，知錯還非晚。唉，無謂咁板。丟開煩至易散，未必要我賠番不是，正得你開顏。

《時事畫報》1908 年第 10 期

社會小說　尚武精神兄弟

　　某巨室，以富著。眈眈視其產業者，凡十餘人。

　　十餘人者，皆巨室之子，兄弟也。十餘人行志各異，執業亦各異。惟對於產業之眈眈逐逐，則十餘人之心如一心。

　　翁歿，其產業遺各兄弟。長者曰：天子之有天下，亦傳位於長子。今所遺產業，宜吾獨享。汝輩各自創業，勿過問也。

　　仲起曰：無是理，無是理。普通俗例，利益均霑，各占其一。然兄既出嗣他房，應自享彼所遺。此產業宜歸吾輩，尚何待言。

　　仲與伯爭，叔季等既與伯爭，復與仲爭。以致十餘兄弟，彼與此爭，此與彼亦爭，果成一競爭世界，無一非為己者。

　　爭之久不決，有好勇者倡言，爭之非一日，未知鹿死誰手。無已，惟鬪乎！鬪而勝，遺業任之取攜。鬪而不勝，請勿復過問矣。中更有好勇者群和之。其柔懦者雖有所慊，然亦不得不強從。

　　於是以遺業作彩物，決勝負。兄弟鬩于牆，尚武精神乃一振。

　　越數月，兄弟十餘人，鬪而死者二三，鬪而傷，而病而死者三四。十餘兄弟，僅存其半，而鬪亦息。

　　第遺業之爭尚未決，息事者曰：本是同根生，相煎何太急。盍如前議，各占其一乎。主爭者必不可，然則將死者所應得亦撥之均分乎，仍執不可。不可將何如，主爭曰：無已，惟訟。聽命於官。乃訟。

　　官擇肥而噬，纏訟數年，遺業已去八九。而爭者年亦老，相繼卒。子孫乃躅前怨，請息訟。復為相好如初。

　　嗚呼！同室操戈，狹言之則一家，廣言之則一國，自相殘殺，亦為自利計

耳。然未見其利，先見其害者比比皆是。然則亦何貴有此尚武精神也哉！

《時事畫報》1908 年第 10 期

精說

　　蠢之反面曰「精」，吾作《蠢說》，謂世界多蠢材。吾知必有精仔不服者。因更作《精說》。

　　人老就精，不亦精哉！眨下眼就係計，不亦精哉？面面俱圓，勢冇得罪人，不亦精哉！今晚先生，明日和尚，做先生，不亦精哉！冇尾精過蛇，不亦精哉！精電辮，不亦精哉！打蛇隨棍上，不亦精哉！周身偈，周身八寶，周身機器，不亦精哉！唔怕你精，唔怕你呆，至怕你唔來，真係唔來，不亦精哉！慣倒拾揸沙，不亦精哉！此曰精，彼亦曰精，精仔可多也，雖然你精人唔呆。

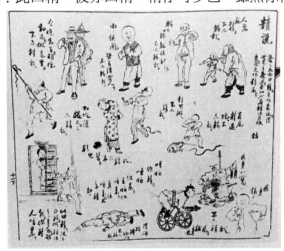

《時事畫報》1908 年第 11 期

社會小說　尚武精神技勇

　　一最闊平地之北，有演武廳，紅頂白鬚者十數輩，高坐其上，官差書役，奔走其下。

　　平地之南，一大蓬廠，乘駿馬，持弓矢者若干人，魚貫而出，眼光皆注一處。

　　眼光所注之處，號旗忽舉，乘馬者躍出，搭箭弦上，飛馳而過，馬道設箭垛三，每垛發一箭，中，金鼓齊鳴，演武廳即有人報曰：中，或三箭，或二箭，或一箭。視其所中之數以報，如此者數日，事乃畢。

伊何事，科舉時代，考武試，射馬箭也。

又一箭道，廣數里，扃其門，內容如射馬箭之平地，距演武廳一箭之遙，樹箭鵠二，是日，則射步箭也。

起起者若干人，環立演武廳前，各帶弓矢，聞點名聲，即二人就位，弓開如滿月，箭去若流星。中，亦金鼓齊鳴，報者亦如前。每發六箭，始退。甲退，而乙進，如是亦數日，事始畢。

至技勇，起起者復至，環立如前，視廳際，陳大刀若干，大石若干，硬弓若干。

紅頂者曰，開弓，起起者即趨至，擇其最硬者，左手如託泰山，右手如抱嬰兒，連拽之。報曰，十四力，或十三力、十二力。紅頂者曰：舞刀。起起者即趨至，擇其重者舉之。若為腰花，若為背花，鎖喉花，托塔，斬四門，風吹荷葉，種種名色。舞畢，報者曰，刀一百二十斤。

紅頂者曰，試石。起起者即挽三百斤大石，若上胸，若石裏藏人，美人照鏡，等等名色。有力大如牛者，更石上加刀，至加三刀。見者群贊曰：蓋場技勇。

如許起起武夫，皆孔武有力者，得非謂尚武精神也耶，張彪之設武學存古隊，蓋所以保存之也。

《時事畫報》1908 年第 11 期

答鄧季雨

薜逅一剎那，仳離千由旬。東望不可即，中心安得陳。書發魂與俱，詩來意相親。會有海月夢，同醉蜻島春。

《時事畫報》1908 年第 11 期

答陳訒生

倡予和女六千里，憂國心長旨益悲。比日中原更多事，海邦孤客夢應馳。

《時事畫報》1908 年第 11 期

畫壺

王礎塵之結雲壺，今為慧德龕所有。戊申有守敬觀續圖。

《時事畫報》1908 年第 11 期

社會小說　尚武精神競渡

端午日。一河兩岸，不期而集者，恒河沙數人，觀競渡也。

金鼓齊鳴，人聲鼎沸，龍舟來矣。

眾橈併發，爭先恐後。海上扒龍船，岸上人有眼。觀者評之曰：某也速，某也緩。

緩者乃不甘落後也，於是賈勇再發，一躍而出人頭地。此賈勇，彼亦賈勇。其速力等不少讓。

有新志士一流，亦往觀焉。交贊曰：尚武精神，尚武精神。

龍舟之後，更有小艇一隊。鼓棹如飛，緊唧龍舟之尾，艇中何物，則軍火也。

競渡者先後未判，忽而不競渡而鬭。

煙霧漫空，槍聲隆隆，兵連禍結，如臨大敵。眘然墜水者，受傷者也。滿江俱紅者，人血也。

或仍譽之曰：尚武精神，尚武精神。

喆曰：競渡之典，濫觴於弔屈原。今乃變本加厲，年年如是，成一不知所謂之惡習。然國民性質素懦，無一事不主退讓。若競渡則否。不可謂非尚武精神也。乃以競渡小故，動輒釀成械鬭。是血氣之勇，雖尚武精神又奚取焉。吾國民當之所務矣。

《時事畫報》1908 年第 12 期

楊度之善體聖意

現在國民程度，未足開國會資格，不過三數浮躁者為之倡，餘則盲從而已，誠哉某邸之言。

夫中國，數千年專制之古國也。視君主如帝天，視百姓如螻蟻。立憲者，對於君主，有百害而無一利，欲固君主之權，不可以立憲；欲長皇室之勢，不可以立憲；欲壓民權，不可以立憲；欲抑民氣，不可以立憲；何居乎希望立憲者，竟屢以立憲請也。

朝廷明見萬里，彼希望立憲者，心誠求之，不忍太拂其意也。於是乎預備立憲之詔，雖曰預備，尚須十五年乃實行也。更不知十五年後，其果實行否也，此可見朝廷之用心也。

而希望立憲者，雖奉預備立憲之詔，心猶未足，又請開國會、復海軍，以為立憲基礎，一倡百和。楊度亦以此而露頭角，專為開國會一事，應召入京，楊之入京，為京內外臣庶，視線所集，希望立憲與否，亦思一覘楊之政見也。

觀各報所紀，楊上一開國會說帖，陳三利三害，大為樞臣嘉賞，其最動聽者，則為君主有神聖不可侵犯之權，及鞏固皇室數語云。彼所云三利三害之說，不可知，其最動聽之二語，足見楊度之政見矣。

君主有神聖不可侵犯之權，鞏固皇室，行之已非一日，尚待楊度之說帖耶。雖然楊豈不知之，此正楊之善體聖意，以見好於朝廷也。

請開國會一事，各省之上請願書者不一起，未聞權臣嘉獎，獨於楊此二語，則最動聽，而大為嘉獎。觀此，則立憲之前途，可想而知。彼請開國會者，可以休矣。倡言者何為哉，盲從者更何為哉。

《時事畫報》1908 年第 12 期

革命黨籠絡人心

大清入主中夏，二百餘年。雖曰天命所歸，亦豈非人心所附哉。誰人做皇帝，亦一樣納糧。故老之言，未之忘也。嗚呼，人心既附大清矣，何物革命黨，乃敢籠絡人心耶。

各報云：「近來革命黨蔓延日廣，且輒出其籠絡手段，以圖結人心，地方官恐愚民被其煽惑，特將情電稟大憲，聞督憲以匪徒毫不擾民，無非藉此以籠絡人心，當即電覆廣為曉諭，以免人受其愚云」。

食毛踐土，具有天良。淪肌浹髓之深仁厚澤，吾民固銘感於心。亦如夫差所言，不敢忘也。自外生成之革命黨，自昧天良，不思圖報，則亦已矣。更出其籠絡手段，以圖結人心。嗚呼，人心之附大清者二百餘年，革命黨欲籠絡之，多見其不知量也。

抑其籠絡之術，不過毫不擾民耳。吾曾默察吾民性質，乃樂於受擾者。官兵所過，雞犬不寧，人心無他也。捕風捉影，妄拿無辜，人心亦無他也。由是觀之，毫不擾民，即可以籠絡人心，吾實不信，彼政界毋乃怯矣。語曰：我心匪石。然今日之人心，石耳。思籠絡之，知其必難。而當道之言曰：「革命黨詭譎詐偽，無所不為。」則又未嘗不可慮也。夫人心一失，大事即隨之去，其皇皇然恐革命黨之籠絡人心，蓋有以也。電復廣為曉論，以免人受其愚，吾不知曉論之言云何，人亦果受其愚否也。

嗚呼，九世之恩。稍有人心者，不可忘也。若革命黨之毫不擾民，是藉以籠絡人心之術耳。曷足以敵大清之深仁厚澤耶。嗚呼，今日之人心，將何去何從也夫。

《時事畫報》1908 年第 12 期

振興土貨

土貨行運矣，試遊於市，耳有聽，振興土貨也。口有道，振興土貨也。目有見，亦振興土貨也。而賣告白者、貼街招者、演說者、巡遊者，無一而非振興土貨。嘻嘻，振興土貨，蓋亦多術哉。雖然，趨時而已，昔者人每購一物，必唯來路是求，而賣者亦惟來路是應。曰本地，則非佳品矣。今則反是，人心之趨向不同也。振興云乎哉。記者曾過某熟膏店，亦榜諸門曰，振興土貨。因疑而問焉，對曰：「吾所沽者，非土貨耶。公土、白土、雲南土、馬矢土，是皆土貨也。現禁煙時代，業此者日就衰落。吾乘此振興土貨之潮流，亦曰振興土貨，吾業乃復振。求利耳，土貨不土貨，不必究也。」記者乃誌其言。

又過一英坭肆，亦榜諸門曰「振興土貨」。又疑而問焉，對曰：「吾所沽者英坭，坭即土也，非土貨耶。求利耳，勿深究也。」記者又誌其言。

餘則接於目者皆曰振興土貨，而所沽者，則洋貨有焉，以洋貨而冒土貨有焉。叩之，則亦曰「趨時耳，趨時以求利耳。過海便是神仙，客迂也，必欲深究何為者」。記者又誌其言。

退而思之，乃知所謂振興土貨，其術乃如此者。不知其自欺歟，抑欺人也。

記者曰：「夫豈自欺欺人，直欺不識不知之土貨耳，土貨不值哉。」

《時事畫報》1908 年第 12 期

臨王冶梅畫石

臨王冶梅前輩墨蹟。戊申五月，哲夫有守識。鈐「蔡有守」朱文方印。

《時事畫報》1908 年第 12 期

畫竹

余素不解畫竹，讀歸元龔 [1] 題畫竹云：「畫竹不作坡，非吾土也。荊棘在旁，終非其伍也。亭亭高節，落落貞柯。嚴霜烈風，將奈我何」。其於故國之戚，時時不忘，可謂與憶翁寫蘭同一揆也。因試畫竹。戊申五月喆夫識。鈐「傾城掌榆」朱文方形印。

《時事畫報》1908 年第 14 期

【注釋】

[1] 歸元龔，即歸莊，詳見《附錄　蔡守與古人交流考》。

中國不必立憲

　　派赴德國之憲政大臣，上一封奏，言明中國不必立憲之理。中有云：「日本之所以立憲者，由於國民有尊王倒幕之功，故報酬以立憲。法之所以立憲者，由於革命已告成功，故不得不立憲。今中國國民，既無功應得立憲之報酬，又無革命之事實，故決不可以立憲，擾亂國是」云。

　　噫，心醉立憲者，尚不廢然思返耶。言不必立憲之理者，非不識不知之蟻民，乃皇皇然侍郎，而朝廷信任之，特派為考察憲政大臣者也。語曰：「食人之祿，忠人之事」。又曰：「君為元首，臣為股肱」。該大臣何為而有此奏，盍不以意會之耶，既以意會之，盍不廢然思返耶。

　　中國不必立憲，原因不一。要言之，中國為專制古國，即此一端，已不必立憲。其餘種種理由，言之亦畫蛇添足耳。若該大臣所持二說，人將擬其迎合朝廷之意似也。不知此二說，反觸朝廷之忌也，由前之說，則逼政府立憲，由後之說，則鼓吹國民革命。

　　何謂逼政府立憲，大清入主中國二百餘年，深仁厚澤，子惠萬民。蟻民之具有天良者，未嘗不力圖報稱也。以視日本國民之尊王倒幕，夫何讓焉？尚得謂國民無功，不應得立憲之報酬耶。以日本為比例，中國應立憲矣。政府本無立憲之真意，該大臣以日本立憲動之，故曰逼政府立憲也。其觸朝廷之忌者一也。何謂鼓吹國民革命。夫希望立憲者，必無革命思想。今之革命黨，誠如滇臬世增所言，多數窮餓之民而已，未足國民程度者也。以法國革命例之，使國民恍然知政府立憲，由國民之革命而成者，爾日革命者革命，不革命者亦革命。故曰，鼓吹國民革命也，其觸朝廷之忌者二也。

　　該大臣為此二說，若一經羅織，將不免矣。雖然，聖恩廣大，且該大臣能知不必立憲之理。定邀寬典，且將嘉獎之也。吾敢為國民告曰，國民其善體該大臣之言，知中國不必立憲，而絕立憲之望則可。若誤會該大臣之說，以政府不立憲，遂不尊皇，以要求政府立憲，遂起而革命，則失之矣。未足程度之國民以為何如。

《時事畫報》1908 年第 14 期

寓言小說賤格鬼

　　乜地有個女子，生得幾好樣嘅。重滿肚文才，滿手針黹，好深識嘅添嘑。有的揸大葵扇嘅，就共佢做媒喇。點知佢唔嫁唎，人地知佢話唔嫁，就由佢

喇。見佢真係週日都吟詩作對，拈花繡朵，好深閨嘅嘛。的媒人婆噲講下，引得的後生仔，口水流流。之佢唔嫁嘅，恨得咁多咩。哦點知佢話唔嫁唔嫁，卒之重走去做老舉添。

喂，你估佢點解噲做老舉呢？的爛聰明咁嘅，一定就話，俾人拐去賣定嘅喇。點不知唔係，佢自己去嘅。唔，真估唔到咯。

你估佢因乜嘢走去做老舉呀，因係佢往時好睇書，好睇新聞紙。至中意睇花林報添，的爛聰明嘅一定又話，呀，冇錯嘞。花林報咁贊個個噲吟詩嘅老舉，佢故此去做，又等花林報贊吓佢係定嘞，點不知又唔係，因遞樣嘅，唔又估唔到咯。

佢睇見花林報話的老舉要抽加三，又有間花捐公司，個的花捐老爺，周時吖的老舉大孻嚟糟質，又話封艇，又話拆寨，柳柳亂。佢就唔抵得，佢話老舉都係人呀嗎，亂咁哈都得嘅咩。我共佢大家都係女人。唔得，等我走去做楚老舉，然後去花捐公司，共佢開個正式談判，等佢咪咁專制至得。

故此，咁就去做左老舉。哦，一去去楚，見做老舉咁快活。做做吓，都唔記得楚開談判個事件添。唔記得不特已，收尾重教的花捐佬哈人添嘛。

有晚有班花捐佬去飲，個班人去飲，自不然係唔鬧都整成鬧嘅喇。一叫叫着佢，佢見係鬧佬嘮，了不得咁巴結。個花捐佬又俾的白水嚟引佢添，佢就頭奀尾竅。送左個花捐佬，收尾個花捐佬。講起的花捐惡收，佢就教楚好多法子，首先泡製人客，個條法子，好厲害嘅。唉，我都唔講咯。

有人知得佢碟米，就話佢喇，咦個單野，真賤格咯。佢駁番你添嘛，佢話，賤格噲點呀。賤得過龜公龜婆，我都係咁叫佢做亞爹亞媽嘅喇，你嬲得。

超，呢段小說，唔知吸乜，我自己都話唔知吸乜，心水清嘅想下就知嘅咯，講住咁多罷咯。

《時事畫報》1908 年 14 期

哭曾少卿先生

何期患難交，獲得忘年友。鏡裡留丰儀，海上頹山斗。懿哉公令聞，千古不可朽。吾已子產悲，知我更有否。

《時事畫報》1908 年第 14 期

說寶鑊

前月省港各報云，貴陽有粵商陳某，與苗人購得銅鑊觔，重十餘斤，遍體

綠鏽，兩耳有紋，貯水以手擦其耳，輒發聲嘹亮。水起細沫，少頃如沸，濺跳甚高。水面四圍成八角形，謂是古苗王之物，甫出土者。余嗤其妄，詎知此日余於香港賑災會中，見梁某所藏之古銅鑊，亦無銘識，口約一尺，高約六寸，厚約三分，身黝而無鏽蝕，似入土未久者。鑊內底嵌新銅一片，刻作魚形。以余決之，必非漢代之物。然守器者告余曰，是諸葛武侯在草盧中煉成，成為南征軍中之用者。能定風雨，消瘴氣，辟癘疫，知人生貴賤。余問其何以知此，云是先人得於廣西，出土時有漢碑一，書其可寶如此，及何人所造。余疑之。又曰：他事君難遞驗，唯知人貴賤，可立驗也。遂使余以手蘸水，擦其兩耳，其初四面微波，皺紋細如蛛網。轉瞬則噴起如瀲灩，堆四圍凡八。水花跳濺高三四寸，灑落細於微篩雨。又曰：驗人之貴賤，視水墳起之多寡。有四者、有六者、有八者，八者止矣，擦而不墳起者，賤甚。君今得八，必大貴也。余笑曰，余固不祥人也，貴安在哉。繼余而擦者，有七八婦女，或四或六，未有八者。洎歸，窮思其故，考諸載籍，則《楊慎外集》云，平谷縣畔民得一釜，以涼水沃之，忽自沸，釜下有諸葛行窩或鍋字之誤四字，民以為中有寶物，乃碎之，其釜複層中，有水火二字，事頗類此。加以比來貴陽之事，則可見古今所見不鮮。然想其水墳起之多寡高下，必因人之電力如何，若泰西之血氣筒耳，必不關於人之貴賤也。但其製造之奧邃，何以能借人之電力，而令水墳起，則頑鈍如余，且未事電學，必不知也。書之以俟博物君子，故勿論其為何代物，但以資研究前人美術，有如此奇詭者，或功用不僅於此。苟以其為異寶，則謬絕。

　　有守既作說寶鑊，復為圖寶鑊。時戊申六月中旬也。鈐「哲夫戊申年作」朱文方印。

五月廿七日潘鐵蒼過訪拉同山行二首

居此已三月，曾無一客過。今朝佳士至，忻共踏岩阿。

迎風撲異蝶，移石得奇草。僉具雅人心，同遊樂趣好。

《時事畫報》1908 年第 16 期

次日與潘鐵蒼作竟日之遊得詩十六首

昨遊興未已，夕照落峰頭。勸君留一夕，今日更宣遊。

出門即幽徑，山下野花深。栩栩錯亂飛，端疑種蝶林。

手持碧羅網，迎風影無定。奔走一時間，猶未出幽徑。

韓憑夫媧魂，狡黠不可招。牢記撲取處，登山第二橋。

不獨玄武蟬，落霞亦同收。颫瓟 [1] 與蟛蜞，一迥窮搜求。

一石形貌醜，一松骨格奇。相呼共忻賞，佇立心繪之。

此山若蕭照，彼樹如關仝。大笑上帝狡，偷人冒己功。

峰坳大雨來，珠簾向空罣。不辨海與山，微茫信難畫。

風吹雨過山，白雲怒出岫。彈破新棉花，飛上峰頭逗。

雨洗長空清，縱目海無涘。海上列青山，層層花瓣似。

撥泉拾怪石，一一入清供。筆架與墨牀，尤適吾人用。

峰廻路忽轉，碧嶂峻回測。蝦蟇背石綠，無此好顏色。

深湫甕石堨，巨塹連鐵欄。藉此點綴壯，奇觀又大觀。

誰信海上山，忽見叢林峽。倒海與移山，肇允人間業。

隨喜不戇晚，亂石橫夕陽。歸途尋異草，青寔蜀藤筐。

明日返五羊，腹稿藁畫意。賴君壽丹青，長留斯勝事。

《時事畫報》1908 年第 16 期

【注釋】

[1] 颫瓟《集韻·庚韻》：「瓟，王瓜也。或從侯。」

畫壺

薛□生鑄石壺，質若流離瑩澈，想取穆天子傳采石鑄器之義。有守圖。鈐「傾城掌楡」朱文方印。

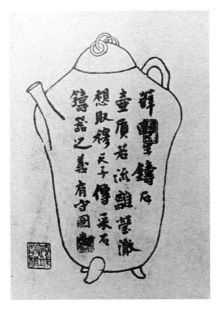

《時事畫報》1908 年第 20 期

萬善緣善長祭鬼文

維風水為災之年，柴米極貴之日。某某等大開方便，廣結善緣，費有用之財，設無遮之會。人憑鬼力，做鬼勝似做人。鬼由人興，無人焉能有鬼。靠鬼擺食，望鬼可憐，謹為文以祭於幽鬼之靈曰：嗚呼！人誰不死。痛君今已非人，鬼若有知，諒我無端弄鬼。本吾善念，倡建往生道場，超爾幽魂，來臨保安勝會。莫謂乾年緊月，不宜浪費金錢。特乘此夜今時，好幹無量攻得功德。深願鬼王老子，大開鬼門之關。不負善長仁翁，甘冒善棍之號，致誠致敬，盡堪笑罵由人。胡帝胡天，果也矇矓見鬼。則有皮黃骨瘦，命斷送於庸醫，嗚呼哀哉，其病鬼也。則有口黑面烏，癮已練成煙降，嗚呼哀哉，其煙鬼也。則有輸乾輸淨，迷賭局而戕身，嗚呼哀哉，其賭鬼也。則有是色是空，墮花叢而喪命，嗚呼哀哉，其嫖鬼也。則有凶占滅頂，無處不是浸淋，嗚呼哀哉，其水鬼也。則有禍至焚身，成個已經燒熟，嗚呼哀哉，其火鬼也。則有食唔得飽，過一餐憂一餐，嗚呼哀哉，其餓鬼也。則有飲到發癲，人出酒佢出命，嗚呼哀哉，其醉鬼也。則有一毫不拔，無命盅願要錢，嗚呼哀哉，其劣鬼也。則有萬事皆輕，揮金居然如土，嗚呼哀哉，其闊鬼也。幾多鬼怪，無數鬼魂，擘開把喉，聲聲錢路。伸開隻手，句句金梳，不約而會於黃沙。鬼聲鬼氣，何必重要走白地。人往人來，我更有言，鬼當細聽。敬告鬼宜知足，為弟子然後為神功。若非我

有望頭，做善長何必做神棍。兩家會意，人鬼何殊。大眾問心，攻得功德無量。嘻哈妙哉，伏惟尚響。

詩十一首

甚雨六月廿六日

甚雨三兩日，四山沈若失。白箭無時停，困人在深室。

十里盤馬地，三里打掫場。一夜成雙湖，夾鏡望汪洋。

羸鬚犯雨出，獨坐對飛泉。飛泉疑倒海，萬斛浪珠圓。

鍊風六月廿九日

鍊風午夜來，撼屋驚魂夢。倚枕聽頹焱，十萬軍聲鬨。

平明出門望，沙石積庭隅。大木半為拔，縱橫塞路途。

哀哀半夜颸，蜚去無限屋。海裔破舟飄，路旁老婦哭。

黃晦聞欲事蕃書口占答之並質幾道

問君底事事嫩隅，我只因貧為所驅。讀破蕃書三萬卷，益知文字莫吾如。

答鄧四

子負經世術，度時不可為。寓我鶴頭書，招隱珠江湄。

湫阨珠江湄，何處尋樂土。縱能潔一身，於世又何補。

曷不召同袍，航海尋佳島。雖云是隱居，實可行吾道。

孟軻先我言，百里可以王。在宥不聞治，斯語良非誑。

畫蘭

世之畫蘭多作鳳眼，惟鄭憶翁則不然，遄遄一花三葉，自饒風趣，洵非易學也。戊申八月喆夫並識。

畫水仙

喆夫。鈐「喆夫」長條朱文印。

曾國藩不得見孔子

王、顧、黃三大儒從祀孔廟之議，久不決。曾國藩從祀孔廟之議，亦久不決。今則決矣，準三儒而曾則不准矣。夫三儒，歷史上之民族家也，曾所謂一代之功臣耳，從祀聖廟，民族家准，如此功臣則不准。嗚呼，人亦何樂而不為民族家歟。嗚呼，人亦何樂而為此功臣歟。

處今之世，誰敢言民族，民族家最招當世之忌者也。如三儒從祀之議，學部准王、顧而駁黃。謂黃之著作，語近悖逆也。某尚書更遷怒於孟子，欲奏請將孟子祀典撤銷，蓋孟子亦民族家也。又豈知不旋踵而彼所謂民族家，皆從祀孔廟乎。

若此等功臣、忠臣也，從祀孔廟，宜也。又豈知所謂功臣忠臣，竟不得其門而入也。

觀於此舉，吾知朝廷之用心亦良苦矣。中國之弱，民族主義未發達耳。使人人知有民族，中國之強，可斷言也。於是以民族家從祀孔廟，而為未來之民族家勉。

嗚呼，朝廷之用心亦良苦矣。我國民不善體此意則已，苟善體之，而可不努力為民族家歟。

《時事畫報》1908 年第 22 期

古井雙淘

自從萬善緣開後，試問吓善信諸人結倒個乜嘢緣。單係我曾家當發跡，總係其中有些少不端。既有便宜唔著駛頸，想撈淨水本份要從權。記得在附薦壇中當個招待職，來來往往多少美貌嬋娟。我便殷勤來伺候，講不盡招呼周到細意拳拳。當時有位紅顏女，我見佢青春守寡戥佢心酸。曾與扳談知是財主嘅女眷，我心打算，演風流手段。想淘古井第一要熨貼溫存，人係福至，自必心靈。我便挑引琴心試吓佢是否正經。我想吓佢若果正經唔到此地，就因此日知佢生平。我地手段出親唔係講小，萬善緣中搵盡亞丁。斷有話呢回唔得到手，就共佢眉目之間送幾吓情。果然佢係到呢處尋頭主，不枉我幾多巴結做觀音兵。因緣想必係前生定，真正醒。生就桃花命，人財兩得佳偶天成。天有豔福，係我能消。點樣子生成命一條，同人因羨一自心生妒。彼此同撈撈倒算我命招，又不能不服我有偷香手。手段唔高攬不起古井潮。但係事宜秘密唔着俾人知到，故此人問我因何發達我但話中山票，人地唔知重話我呢賬行運了。真好笑，不

禁連稱妙，妙在我家舍姪又得一嬌嬈。古井水，倒入我曾家。淘親古井十有九分拿，萬善緣中唔止我兩叔姪，做乜人唔得倒我地得成孖。一定我地平時修得到，點得向閻羅老子細細稽查。我地掛起招牌行善事，善人獲報果無差。早知到天報善人原係咁樣，財色兼收重易過去扒。應份班齊兄弟子姪，同心合力守住黃沙。若有遞年把齋醮打，唔係咁話，一定班人馬，睇硬乜誰有意別抱琵琶。

《時事畫報》1908 年第 22 期

詩七首

與陳訒生、謝英伯遊大潭圍

山色妝成八月秋，秋陰如洗正當遊。相看朋舊仍吾土，不信河山竟異洲。幽草向人如有意，清泉咽石為言愁。熱腸渴對潭千尺，欲飲爭佗不自由。

夜訪漢莼、晦聞歸寶雲路步月

宵談爭閣主人眠，信步歸來月滿天。一道金波懸海上，千家燈火敵雲巔。康莊山路深籠樹，廣漠滄灣好泊船。如此海山竟拋卻，當年大錯議捐燕。

雨夜陳訒生過訪

空山風雨夜，忽有故人來。況別已三載，遙從東海回。多君年富強，且抱不世才。透讀考工記，騎想擘天開。製器尚其象，良工無棄材。不學元子家，圓轉悅嬰孩。能滿而不覆，孔丘歎奇哉。今有一大器，危處將傾頹。世人唯求舊，保之不忍推。君曰不適用，莫若再造該。豪談令我壯，自媿埏埴胎。刻玉為楮葉，成之良亦哀。搔首風燈亂，松雨聲喧豗。

平居偶得四什

樓前百畝打球場，場繞青山松萬章。無限峰巒如畫好，有人身住畫中央。

龍茲攤向罽毹上，不汗瓊肌儘並偎。山靜日長蟬語斷，一簾風飽夢初回。

雨餘暑退綺窗開，竹裡薰風傍晚回。一桁疏簾山幾笏，夕陽剛送畫圖來。

峰頂樓臺燈火明，參差排列入雲橫。星垂渾着青山上，似與疏燈認未清。

《時事畫報》1908 年第 23 期

戲擬請承女攤海防經費稟

吾粵賭匪，甘作虎倀，凡可以為若輩利者，幾無孔不鑽矣。此次破獲女攤，

竟有劣紳庇護，則賭匪豈無蠢蠢思動者，特作此先發其覆。

稟為熱心報效，承辦女攤，乞恩批准，以維賭務而裕餉源事。竊商食毛踐土，具有天良，當此庫款奇窮，正商報國之日，每思毀家助餉，奈杯水莫救車薪。旦夕苦思，舍賭務而外，實無籌款之門。蓋粵人嗜賭特質，生與俱來。早在仁憲洞鑒之中。因勢利導，化私為公，前此者海防經費，基鋪山票，若干鉅餉，咄嗟立辦。仰見仁憲法良意美，而承辦諸商，亦藉沾餘潤，公私兩便，計無善於此者。惟是智者千慮，猶有一失。竟有私開女攤，如去年之俞三姑，最近之逢慶首約鄒宅者，商關心賭務，加意細察。聞私開女攤者，城廂內外，隨地皆有。倘認真查辦，不免擾亂治安。若一任私開，此風尤不可長。竊思賭為當今急務，近來男女，漸躋平等。既有男賭館之設，則女界豈容歧視。再四思維，欲善其後，亦惟有因勢利導，化私為公之一法。庶涓滴歸公，私開者亦不禁而自絕矣。謹擬章程呈候憲臺察核，俯賜批准，實為得便。

計粘章程保領各一紙，某號銀單若干兩。

批　　據稟已悉，所擬章程，亦尚妥協。該商急公好義，深堪嘉尚，仰賭務局從速籌議稟覆察奪，給示開辦，保領附，銀單存庫。

《時事畫報》1908 年第 24 期

畫石

昔人云喜氣畫蘭，怒氣畫竹。顧余每當壘砢橫胸之際，則以筆作奇奇怪怪之石。亦余一消遣法也。蟄虎記。鈐「有守」白文方印。

《時事畫報》1908 年第 25 期

畫梅石

　　昔年客京邸，見八大山人作蔗渣宣石小幀絕佳。今俪彿擬之，苦未得其萬一。哲夫識。鈐「喆夫」朱文方印。

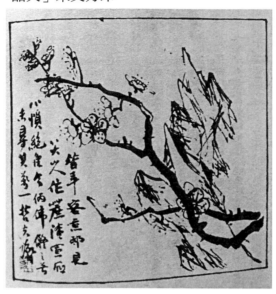

《時事畫報》1908 年第 26 期

詩四首

送潘蘭史入都

　　未謀樽酒祖君別，我送君行何太清。怍底飢寒如小子，媿無詞賦比先生。蠻娃多識空相似，山水能遊共有情。此去京畿風浪穩，公卿早已仰才名。

九日雨中柬姚鳳石、王承粲伉儷

　　杭州有約未能去，小病懨懨困小樓。苦雨淒風愁益甚，登臨酩酊興全休。緬思北海茱萸長，深妒西泠伉儷遊。檢點吟筒徂十日，展重陽節會東丘時有南社虎丘雅集之約。

杭州之遊不果，柳大詩來問訊，走筆答之，即和原勻

　　杭州有約未能去，翻荷詩仙問訊來。山恨不容狂客到，菊應特為美人開。豈無遊遠拏舟興，秖少登高作賦才。後日虎丘逢盛會，也拚爛醉白雲杯。

小重陽與黃朴人登點春園假山

　　海裔無悰一隨喜，竟成野鶴逐雞羣。山如培塿人如蟻，衣競烟霞鬢競雲。

要到千尋方性悅，今看九仞那心欣。登高翻入城中去，此事由來已鮮聞。

畫《玉蘭桃花》圖

楊龍友文驄，貴州人，官至兵部郎。明亡，守衢州殉節，甚烈。己酉冬過陳磊落妝臺，見其綉本，欣賞不置。因出真蹟見示。其賦色麗贍，既埒南田而用筆秀勁，尤非草衣所能及。《容臺集》[1] 謂其有宋人之骨力去其結；有元人之風雅去其佻。諒哉！因橅一幅，寄似勺香子。蔡文識。鈐「蔡守」朱文長方印。

今人唯識正叔賦色美麗，不知勝朝李長蘅、楊龍友等曾不恒畫花卉，偶一為之，亦宋人風骨畢具。不若雲溪外史以降，徒尚外觀，不知用筆。吾友黃濱虹謂四王、吳惲為畫界之蠹，誠不妄也。試看海上倭人來買畫者，唯問明人手跡，可見秋津洲人士尚有觀畫眼孔，不若吾國時流之懵懵也。惄又跋。鈐「守」朱文方印。

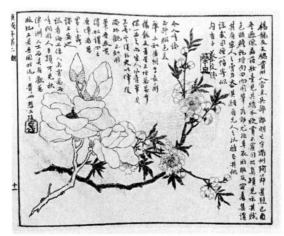

【注釋】

[1]《容臺集》董其昌著，文集 10 卷，詩集四 4 卷，別集 5 卷，是董其昌的詩文別集。

詩二首

虎阜千人石上與室人對弈

今日林泉真寂寞，千人石上兩人來。姑將坐穩為偕隱，且喜樽開傍局開。

我不恃強知守份，卿何驕敵太矜才。斜陽倭妥侵方罷，勝敗休論付酒杯。

　　題馬小進《夢寄樓集》

　　一胸靈氣信難收，迴句名章遍九州。風雨漫天發奇歎，鳳麟入世具幽憂。身閒往往逢山住，夜靜沉沉與酒謀。海上有人時引領，何年赤柱更同遊。

《時事畫報》1910 年第 2 期

一翦梅·雨中與室人遊錦帆涇

　　春寒犯雨上簾鉤。柳意溫柔，花態溫柔。今朝特地與妻謀。準備鈿舟，且恣清遊。　　濕煙裏樹一球球。竟似杭州，卻是蘇州。水村景物惹勾留。冷透貂裘，潤透蘭籌。

《時事畫報》1910 年第 2 期

畫山水

　　此是劉三讀書處，危樓壹角秋無垠。江南有箇悲秋客，也住吳淞黃葉村。秦妙房。

《時事畫報》1910 年第 6 期

畫青蛙

　　青蛙神鬼獰猙際，黃昏飼食蚊，天下英雄唯此君。老髡偈話。鈐「雙照堂」白文方印。

阮郎歸

女郎花白草迷離，江南梅雨嘗。佘佘簾幕萬家垂，穿簾雙燕飛。　　朱閣外，碧窗西，行人一舸歸。清溪轉，處柳陰，低當人畫眉。阮郎歸，騷香子寫人間詞於蠡厂。

詩書畫五幀

殘秋抱恙寄苑瑜仙子赤柱山

叵堪七日鴻魚杳，壹日三秋廿一年。叟瘦沈郎腰幾許，益添摩詰病纏綿。書來情意深於海，鏡貎風鬟豔欲仙。天與夢權卿善用拜倫詩注：「賒麗顧戀一佳士，懼恐惡不敢就，暗祈禱上帝，乞許以特別夢權，能夜夜以靈魂犇佳士，与成世事。上帝尊情，俞允所請。故有夢魂儷偶之名」，芳魂夜夜抱儂眠。殘秋抱恙寄苑瑜仙子赤柱山。

壬子九月晦日他化自在天拘摩羅尊者。髡寒並書於南震旦珠江域任囂城中玉帶河濱。寒琔阿練若之皕佛龕。鈐「從癡有愛」白文方印。

答高吹萬、鈍劍朮佺寄裹原勻一章

多君念遠問行藏，處太無聊出太忙。病暑不堪秋後熱，觀潮誰意浪猶狂。千年月色亡何夜，一睨人才老大傷。信有瓊枚知拂拭，未聞塵可洿寒光。壬子中秋畬高吹萬、鈍劍朮佺寄裹原勻一章，九月下澣燈下書，書竟時已發戒也。哲夫。鈐「勵厂遺子」朱文方印。

畫石

倘能煮我不死，日拾百卷當穀黍。髡寒偈語。鈐「攵」朱文方印、「山水

有靈亦驚知己」朱文長方印。

畫盆景

余客夏口峕，東倭瞽御木櫻春函善盆栽，嘗為余作小長方定窯盆樹古松一株，蟠屈伏據，盆邊枝柯仰止，傍置玲瓏石二笏，長短相倚，絕勝畫意，供於詩窗，吟詠相伴，殊深愛賞。亡何，余遷北海，亦以相隨。木櫻則未能從也。每對斯松，峕添懷人之感。亡何，松竟枯死。旋得木櫻凶耗，由此人物俱凋喪也。數年來於夢寐間猶作當日情況，與木櫻並坐窗下，共忻賞是松石盆景，今夕又作是夢，夢醒夜已發戒時也，急起操觚圖之。木櫻乎？松乎？汝何忽忽而棄我返仙都，靈魂兒必復不忍棄我去。猶峕峕於夢寐見余，豈所謂因緣未絕邪。試問病菩薩能舍我乎否邪？壬子九月晦日哲夫並記於魯劍樓之安哉室。

題《醉月圖》

廣寒至竟人間世，應共常娥老塻鄉。好事頓教閒裏過，畢生真覺抱餘傷。春宵一吻盟山海，咫尺相思仰屋樑。從此月明三五夜，孤樽將醉萬千場。

吾友馬小進命王竹虛作《醉月圖》，有所託而為也，囑題詩曰：君知余事最深，試為我詳言之。噫！余亦抱薄倖之憾，言之不覺悲傷尤甚也。遊威並識。

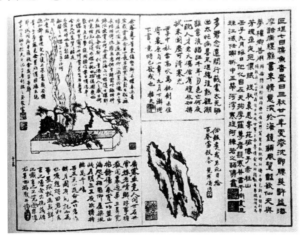

題《聽秋圖》詩兩首

無端天末鳴條感，我亦憑闌醉不成。抱屋寒蛩啼斷續，撲窗殘葉韻崢嶸。坐疑四壁波濤起，頓覺滿懷風露失。畢竟尋秋夜意，問君何事苦为情。題聽秋圖。寒瓊詩本。鈐「寒瓊」朱文方印。

《時事畫報》1912 年第 7 期

詩一首

漢宮曾置嬴遊館，玉躰何妨月下來。菽發沈波香藻牘，火齊入水赤蓮開。無雙顏色神仙韻，絕妙腰肢雲雨才。昔日苧蘿溪畔浴，有誰扶起進瓊桮。香水溪西施浣浴處也，今在太湖畔靈岩山下。拘摩羅尊者。鈐「守」字白文長方印。

和天六潭十憶詩

還記垂髫共莒湯，青絲卿我一般長。郎今搔首懃如衲，空羨圓圓工洗妝。憶沐。

當年同作胡旋舞，欵擘纖腰詎肯忘。難怪秖今魂夢裡，超逾時接綺肩香。憶舞。

月明疇昔梅花下，薜苕春人驀地來。今夜月明渾似昨，見花影動浪頻猜

憶來。

侯門從此深於海，新特瀕行可奈何。已是朝雲無覓處，教人轉死想秋波

憶去。

想煞風流眼角工，傳情都在此眸中。只今千里雲山隔，美目空教盼斷鴻

憶睡。

吟就會真三百韻，如花傾耳嘆雄文。今宵檢向燈前讀，未肯重泉聞不聞

憶聽。

偶看遺像想當年，嬌語輕清瀝耳圓。空見芳顏音已杳，漫思珠玉瀉如泉

憶言。

觸景生愁之子遺，善懷容易惹相思。遙知鎮日無憀甚，默默支頤不語時

憶想。

雙垂玉筯咽無聲，百琲珍珠寵我行。今日佌離將十載，後園斑竹想縱橫

憶泣。

疑寔教儂深銘骨，漫嗔錯愛薄情郎。盟山誓海當牢記，今世難償再世償

憶愛。

和天六潭十憶詩，偶得新題，頓懷往事，聊寫我思，匪敢云和。壬子冬夜，愳夫寫舊句於寒瓊水榭，時已發戒，殘月欲墜也。鈐「魯劍堂」朱文印。

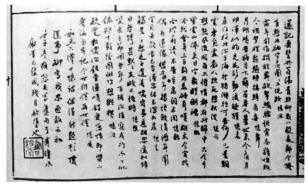

早髹芳

柝三敲，夜非蚤。滿院人兒悄。安排蠟榻，檢點鸘衾卸貂襖。移燈步障，頓玉溫香。抱已解，夫容條才褪，鴛鴦礽。　唾聲輕，鞵聲小。又是誰來擾？

簾鈎微韻，猜必琴官趨蹀音黎，來也了。安心全不怯，那料他人到。乍驚聞，好好好好好借鄭憶翁句。右倚早眯芳。

　　髡寒案：詩有疊連五字者，如文信國之「丹厓翠壁千萬丈，與公上上上上上。」汪大有之「休休休休休，干戈盡白頭」。不僅見錦錢餘笑也。壬子初冬夜寫，蠡翁詞畢並記。鈐「寒吟」白文長方印。

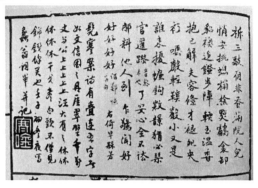

迴文西江月

　　片片殘眯謝半，寒山碧鎖深涪冰。欄斜倚近池臺，曲曲流泉水淺。　淺水泉流曲曲，臺池近倚斜欄。冰苔深鎖碧山寒，半謝眯殘片片迴文西江月。

　　夜寒孤枕驚簽雨，雨簽驚枕孤寒夜。離別惜年華，華年惜別離。　惹情愁怕寫，寫怕愁情惹。詩詠暗傷情，情傷暗詠詩菩薩蠻迴文。

　　右錄香菱寄詞兩闋。拘摩羅尊者。

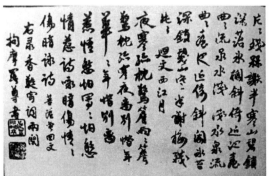

洞仙歌一闋

　　郵筒忽至，背鐙兒細讀。壓角鈐兒認金屋。試看蓼花，字寫旖香詞。嬌致的、碧間紅楠十幅。　偌相思句句，仔細丁寧，宛聽江南懊儂曲。道鐙殘筆渴，紙短情長。令我惜、行間珠玉。竟累得卿愁病如斯，恐折煞小生，些些豔福。

洞仙歌一闋，膾儂。鈐「髦寒」朱文方印。

題笑魚君悼紅詞後調寄摸魚兒

問情天、誰憐薄命，年華空付流水。張孃慧德離塵豔，況是名門家世。從綺歲，早攻讀、香閨蘭蕙薰圖史。芳心別寄。更學畫滕王，稿翻胡蝶，点筆得春思。

偕老願，快過乘龍夫壻。綠窗高擁雛髻。雙栖爭羨神仙眷，璧月重圓花底。花忽淚，歎開落、無端花死人蕉萃。荀郎熨躰。已銷盡騷魂，玉腰如削，同夢得知未。題笑魚君悼紅詞後調寄摸魚兒，壬子冬夜倚燭寫舊製於寒璃水榭，時夜已發戒也。寒風搖燭，冷月入廔，別饒幽趣。仰山里人成城子並識。

天仙子令‧題八千代子玉照

從古娵人稱絕媺，除卻妃嬪都數妓。獨夫專寵誰得知。錢壑子，青樓裡，評驚萬人應當矣。　楚姹吳娃儂遺倚，夷女倭倡儂遺眒。半生選色盡寰球，誰

得似。八千氏，今世佳人知僅此。天仙子令，題八千代子玉照。騷香遊耷並書。鈐「抱騷香」朱文方印。

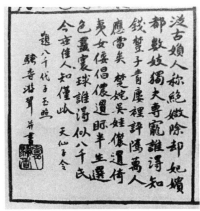

黃山雲海和濱虹原勻

山容樹色不分明，雲氣和煙墊腳行。迎面人來都不見，但從雲裡聽人聲。黃山雲海和濱虹原勻，寒瓊子哲夫舊句。鈐「雲林草廬」朱文方印。

西橋一首

驀地芳姿見，教人魂欲銷。短籬剛護膝，細柳可憐腰。菽發心衣隱，花籠眉黛嬌。遊仙醒夢後，抵死憶西橋。西橋一首，髩寒。

過吟圃留呈半偈畫師

　　賣畫當買山，此迺吾人志。買山倘未能，城市亦宜避。勞子築吟圃，諒以具斯意。故鄉千疊花，異鄉十畝地。竟如故鄉歸，忘卻異鄉寄。犯雨冶花容，占姓治繪事。鬻畫可供炊，賣花可供醉。不使作孽錢，自勻超凡思。我來惜未遇，入室見高致。壁上有古琴，案頭無俗器。請與勞子期，明日攜詩至。過吟圃留呈半偈畫師。壬子冬夜寫庚辰舊句于玉帶河濱寒瓊水榭，哲夫並識。鈐「哲夫」白文方印。

夜深望太平山頂鐙火一章

秋山如秋娘，深宵未卸妝。背人幰外坐，贏鬢火齊光。夜深望太平山頂鐙火一章，寒璚。鈐「寒瓊詩本」白文方印。

昔年客香海寓樓，在賽馬場南正與太平山相對，夜深望峰頭，鐙火真有是景。鈐「哲夫」朱文方印。

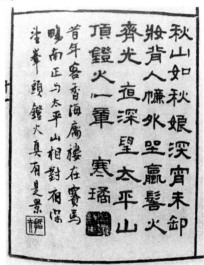

題翦淞閣

翦取吳淞角，危樓接混茫。千詩開境界，一曲入滄浪。簷密天皆綠，花飛水自香。澂車應不起，高枕媻羲皇。題翦淞閣一晼。

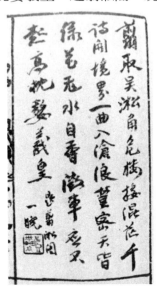

畫石

哲夫。鈐「蔡守」朱文橢圓印。

畫菊

寒儂。鈐「寒琅閣記」朱文方印。

題高天梅花前說劍圖

偏到花前能說劍，英雄肇允亦風流。劍光如雪花如海，一縱奇情不可收。題高天梅花前說劍圖，哲夫。鈐「也化自在天人」朱文方印。

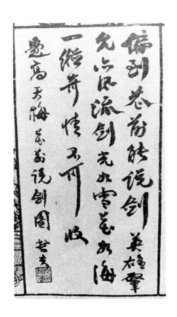

詩一首

　　冰筋曾供妃子玩，冰窗奇雅更如何。樓臺巧似滄洲塹，花鳥工於金団河。紗卷玲瓏罷玉燭，晶屏明徹鏤鈿嬴。萬家瓦缶休驕客，粉本天成未讓佗。燕處爐烘頗黎窗，□表寒裏熱，時發蒸汗。夜深爐息，冰凝成畫，詰朝審視，變幻無窮也。紗勾。

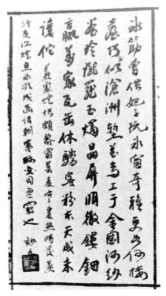

《時事畫報》1909 年第 17 期

畫《盆景圖》

鸞鸞綠瓷盆，橢圓六足，足有環承之，制甚奇。栽星荳一株，亦古茂，以黃石配之，尤為可喜。壬子冬十月望夜發戒嵒也。哲夫並誌。鈐「守」「哲夫成城」朱文方印。

畫松

哲夫摹八大山人筆。鈐「寒瓊」朱文方印。

題陳綠君來書軸

海角天涯夢寐癡，鄅峨半世縮相思。戀書寫禿千條筆，似此鍾情阿賦兒。檢陳綠君來書裝池畢題二十八字，拘摩羅尊者成城子。鈐「蔡守」朱文方印。

詩二首

昨夜新懽入手初，花龕鴛結緩明珠。琁樓相望渾吳楚，瞞卻青鸞寄戀書。

如花羞約故來遲，把臂虛廊月落時。軟語未終天乍曉，削鉛狂草定情詩。

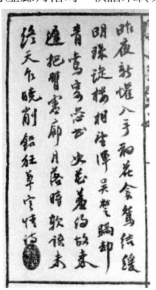

畫盆景

哲夫。

《時事畫報》1912 年第 7 期

題畫寄寧仙霞 [1]

天不生余扛鼎力，秪能仗畫祓奇愁。墨痕盡是英雄淚，太一先生知得不？題畫寄寧仙霞，髡寒。鈐「山水有靈亦驚知己」朱文長方印。

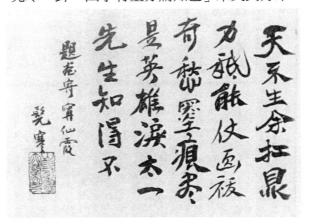

《時事畫報》1912 年第 8 期

【注釋】

[1] 寧仙霞，即寧太一，詳見《附錄 蔡守與時人交遊考》。

書紅璧女史詩一首

稼軒已泯稼園新，水竹依然屬性辛。禪境木樨香偶得，掀 [1] 暢芳草綠無垠。數間樓閣分三國園中英式、蝸式、華樓臺，萬事雲烟只一身。立瘳夕陽遷去也，落花風逐馬蹄塵。遊上海辛氏稼園一首，紅璧女史舊作。寒璿子書於皕佛窖。

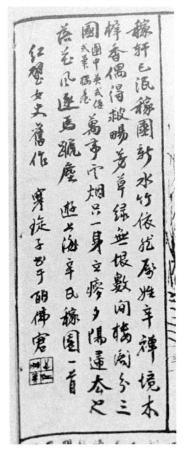

《時事畫報》1912 年第 8 期

【注釋】

[1]「掀」同「球」，古代的一種皮球，內用毛填充，杖擊或足踢，古稱「踘丸」「皮丸」。

蒼梧謠一闋

情亙古，英雄命可輕，人間世，底事有卿卿。蒼梧瑤一闋，乖雛子。鈐「從癡有愛」白文方印。

雨夜答諸貞長社兄寄懷原勻一章

　　亙堪亂世思君子，風雨雞鳴那得眠？覆鹿夢醒人易老，飯牛謳徹夜如年。茫茫万古雲㲉羽，沉沉三更燮杪泉。似此沈霾天作祟，靈均天問問何天。雨夜答諸貞長社兄寄襄原勻一章，惢夫蔡文。鈐「哲夫無極」朱文方印。

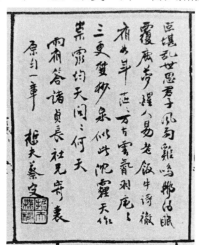

詩一首

　　雄心竟向中年盡，影墜山林漫獨嗟。縱詠撢兮誰和汝，更憐君子賦苕華。哲夫舊什。鈐「順德蔡守」白文方印。

與黃百石索蠟石一章

　　吾粵產奇石，厥色尤可怪。潤膩宛凝蠟，如画沒骨派。小子有石癖，求之苦道邁。今聞黃侯來，奇石壓行簀。與客共忻賞，詎肯千金賣。小子聞欲狂，貪奇破清戒。敢索贈一拳，黃侯信非隘。一笑與小子，小子當下拜。與黃百石索蠟石一章，時客海上，求蠟石，久而弗獲也。今歸所得者轉足婪百石矣。瓊記。鈐「蔡守之印」朱文方印。

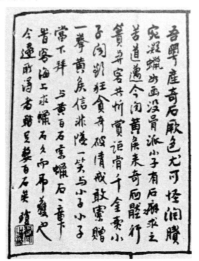

《時事畫報》1912 年第 8 期

贈崔韻人

　　似此秋波難再得，徐娘風味耐人思。何堪一對如綿手，羅幀深深摧折枝。優檀那室主贈崔韻人句。壬子冬十二月燈下書於六朝匋佛塔院。髡寒。

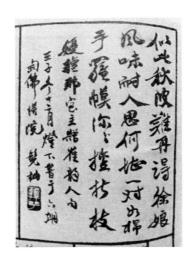

畫石

折枝。鈐「他化自在天人」[1] 朱文方印。

【注釋】

[1]「他化自在天人」，蔡守自署名之一，見下自書詩「明鏡漫元怨」。

百字令留別梁麗姡 [1]

　　論交四澥，一生安、得幾音朋舊況。復海鄉孤陋地。何意獲斯益友，高義凌霄雄談。滾雪文字，緣深厚過。從年半，今朝怎奈分手。　海角遊，我情深，深於海樣，不落汪倫这。異日相思還怎樣，當似銀河牛斗。把酒談詩，攤碑論隸，試问能忘否。香江重晤，教□佇望休久。百字令留別梁麗姡。叔琪倚聲。壬子冬十二月望夜於蠹樓。鈐「蠹樓」白文長方印。

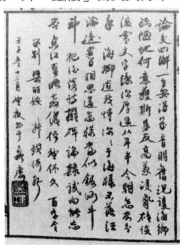

【注釋】

　　[1] 姡，古女子人名用字。《集韻》於諫切，音晏。女字。

聞聲憐詞

　　好好一紅樓女，怎樣夭邪？如你都為橫塘風月，甚風月多情誤汝，分明係女貞也，化作垂楊鬌。離言蘇半闋吳趨調聞聲憐。髡寒老衲戲筆。

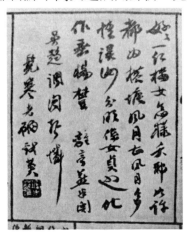

畫石

崔折枝。鈐「他化自在天人」朱文方印。

法駕導引四闋

龍華路，龍華路，綉陌僕芳埃楊柳。□疑青步障桃花，排作大齊平堆，惜未與卿來。

龍華路，龍華路，小圃獨裘細竹葉。綠迷桃葉合菜花，黃襯豆花開，惜未與卿來。

龍華路，龍華路，古墳倚雲偎遙望。塵烟渾薄日隱聞，車馬宛輕電，惜未與卿徠。

龍華路，龍華路，仕女看花回宝馬。馱春桃柳壓香車，笑語舜華陪，惜未與卿來。

法駕導引四闋。去年寒食遊龍華寺，歸過顧可人妝㝐，填詞調之。山鬼倚聲。鈐「山鬼」朱文長條印。

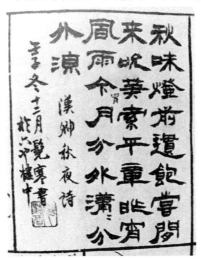

書漢卿秋夜詩

秋味燈前慣飽嘗，閒來吮筆索平章。昨宵風雨今宵月，分外瀟瀟分外涼。漢卿秋夜詩。壬子冬十二月髡寒書於六也樓中。鈐「抱騷香」朱文方印。

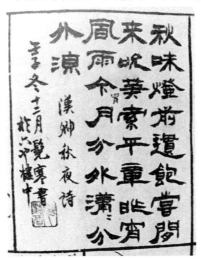

書莼叟和五盦書恨四首

明鏡漫怨孤影疲，白頭猶帶有情癡。峨眉欲學妝時世，豈讓鄰家少女兒。

鍵戶休嫌似冷官，東南物力正艱難。盤中苜蓿容君飽，況有青氈夜不寒。

怵夢無端帝閣□，國讐未報復何言。衣冠滿目優伶戲，那辨沙蟲與鶴猿。

烏鵲無枝遠樹飛，北風吹動鐵軍衣。菜根風味猶嫌苦，怪底無人啖蕨薇。

菰叟和五盦書恨四首。壬子冬十二月望日倚燭書於蠡樓。他化自在天人覺寒並誌。

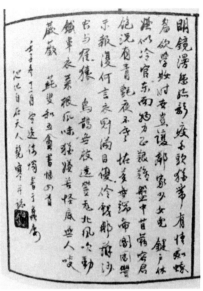

《時事畫報》1912 年第 9 期

畫《時事畫報》1912 年第 9 期封面 [1]

蔡哲夫製。鈐「哲夫無極」「魯劍室」朱文方印。

《時事畫報》1912 年第 9 期

【注釋】

[1] 據《時事畫報》廣東人民出版社 2014 年編輯出版合訂本錄出。

信　箚

致盧子樞十二箚 [1]（吳曉峰整理）

馬二藏之冬心墨梅為全城之冠，今日得觀於會上，月色歸即背臨之，似指教為幸！日前希賜續《牟軒圖》扇面，尤盼速藻！谷雛為寫《牟軒圖》於竹扇骨而馮師韓刻之以配此便面，寧不佳絕乎！

子樞先生左右　弟文頓首。鈐「癸酉蔡守」朱文方印。

癸酉（1933）二月朔夕。

子樞道兄侍右：日昨芝泉书來謂執事為補景已成，希擲交立山兄僕人轉交为幸！此敏儷福。弟文頓首。八月十一日。

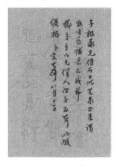

代覺夫索賓虹為寫《蒙山小隱》卷子成，寄來余夫婦為題之：

「仲卿陳曡標榜海騷閣，爾雅衿持綠綺臺。雲鬟威儀空想像，從亡翻妒汝能來。寒翁

刮䏏偷生入建康，從亡無路黯神傷。深山儻有含符讀，婦亦能為雲鬟孃。月色題此。自笑五十老婦猶有雄心也」。

病後**翰**雪

溫馨一室暖於春，久不窺園衰病身。鑒賞碧翁真粉本，斜坡古木者精神。寒翁亂稿。己卯（1939）十二月十四日。

子樞老兄有道：去年十一月五號手畢並畫壽我，畫得拜領，祗因當時月色大病，心緒梦如，不遑裁答申謝，詎知月色稍愈，而弟大病至日前才能下床，如小兒跥跰學步，偶一動作而氣仍喘，因衰朽已甚，一旦病來，絕無抵抗力，且未識何時方能復原？可嘆可嘆！覺夫從亡蒙山時時有書來，且代索賓虹為續《蒙山小隱》手卷，似垢道人，絕佳。余夫婦亦有題之，且賓虹患目疾甚劇，未知以後尚能作畫否？故益可貴也！至日昨才鄭重雙掛號寄去耳。廣州陷落，尊藏亦蕩然，與弟寓樓同一慘酷。幸橫波《蘭卷》未失，且聞仁階、觀蓮夫婦亦回廣州，並聞所藏多以易米，唯橫波弓子亦能保守邵二泉字弓未知尚留否？念

念！則吾粵橫波兩弓無恙，至足忻慰！倘唔仁階，能代索其蘭卷景本付來，至為厚幸！因弟今編《國藝》雜誌，與北京賓虹所辦《中國文藝》相同。此卷在南京畫者，所謂莫愁居本地風光，正願得其照片刊出也。世變至此，而吾輩尚能以潤豪為活，亦足以自豪也。嗣後惠書件以逕寄「南京鼓樓二條巷廿二號之一」為妥。上海轉寄，終覺徫延耳。聞李茗柯不獨治印大行，且已為官也。一笑。莫氏藏書如何？念念！病後匆匆，不宣。祗敏道安。弟文頓首。一月廿三號，己卯（1939）十二月望日也。

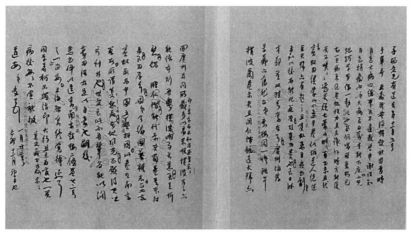

子樞先生有道：頃辱正月十日手畢，敬悉一一。覺夫當有書來，仍無恙也且通信有門牌，寄蒙山南九十一號可也。賓虹客北京，患目疾甚劇，久闕聲問耳！前聞仁階夫婦已返廣州，且云橫波蘭弓能獨保存，故以為慰。今知不然，殊為悵惘。因弟流亡僦舍為杜茶邨于皇故宅。上元後一日為茶邨生朝，仿壽蘇之意為茶壽會，有龔芝麓合肥人後人治初名維疆，仕官生，與魏邦平等同學將軍，因茶邨與芝麓友善，特來參加。治初亦能繢事，談及橫波遺畫，亦謂所見多贗品。聞足下與仁階所藏二弓，尤為傾羨。甚願一睹景本也。兄藏者如有照片，能寄惠，欣幸奚似。治初于劫灰中竟得《嶺南三家集》康熙刻本，在粵反未獲見也。《國藝》第一、二期兩冊，今日掛號寄上，希正之！乞賜繪《茶壽高會圖》，尤望速藻，畀製版刊入《茶壽編》第三期可刊出，餘陸續刊之以張之。至為厚幸！莫氏藏書散佚，至為可惜！其藏書目錄初編已出版，能寄贈一冊，幸甚幸甚！葉遐菴等在香港開文物展覽會，聞辦理甚善。兄曾參加否？兄在市上，見有弟金石拓本散出否？倘賤價，能代收回一一，當以厚價奉還，如何？如《南越殘瓦拓本》約裝五巨冊，另有掛張全形者尤為痛心也！此叩道安。企候德音不已。弟文頓首。庚辰（1940）正月廿九日。

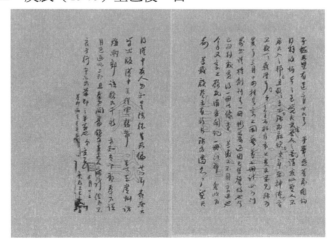

　　子樞畫盟有道：三月廿六號手畢並《茶壽圖》均得拜收。忻幸之至！覺夫
不諒吾人之苦，謂處此聖人不居不入之邦，且頻頻來書，殊為麻煩。弟年老神
倦，實不欲一一裁答耳。弟之金石拓片，市上竟未發見，殊可異耳。三月十四
掛號寄上國藝等七冊，計必可到，前書請檢創刊號一冊，仍寄還，因已售罄故
也。今已向別處覓得一冊以備查。尊處可不用寄還也。今日又寄上顧氏消夏閑
記一冊，到希詧收為荷！尊藏顧卷未有影片，殊為渴念，渴念！龔君得港中友
人書知是陳德芸所編，廿八年嶺南大學出版，港中無從買，務希足下在廣州訪
購兩部，該款如干，祈示知，當即郵奉不誤。月色近作二印，且奏刀潤豪，頗
可支亡人活計。但弟不良于行，當亦如茶邮之半翁也茶邮病足，號半翁。弟文頓
首，四月十二，庚辰（1940）上巳後一日。

　　三月杪忽大病，病中得手書，未能報，殊歉仄歉仄！文因病，逕行步為艱，
用北京狗皮膏略有效，但渴睡中奇癢，狂搔致損皮膚，竟僨成瘡，兩腳骨皆腫

脹生膿。西醫云不能不割治，而以文衰隤不敢用多蒙藥，刀一下即痛甚暈去，幸即以壯心針抹回。但每日換藥洗膿，亦苦如受酷刑。月色每日看見，亦驚憂過甚而亦病。月餘甫收口而氣血大虧，竟成痞疾，痞疾未愈又變胃腸炎，兩月來危殆數次，且迄今未能飯，只恃打葡萄糖針為營養及每日必打利凡命、荷爾蒙兩種針，與飲保利他命藥汁及鮮羊乳升許，故未能坐久，拾筆指常亦麻木不仁。日前檢寄《國藝》第四一冊、第五、六合刊一冊，又小叢書四種，到希督收。便面兩葉，乞畫壽我，我生朝六月廿四日又將屆也。此次醫藥耗千餘金，倘非故人厚祿而攸助，何以能買命耶！何覺責我真不察也。子樞道兄左右。庚辰（1940）六月十一日文手奏。鈐「蔡寒翁」白文方印。

「尚□令」匋印，「大泉五十」紐，昔南海中學堂學生潘公哲，今為學部部曹，聞余入都來謁，以此為贄。云得於白下開街道出土，東吳物也。余出示老友賓虹，賓虹謂屬女官，如「尚浴」之類，惜第二字未能識。子樞道兄審定如何！文記。鈐朱文方印「蔡守審定」。

　　子樞道兄執事：劉監察《禺生成禺集》當世名人法繪已得百幅，囑代求畫山水一頁直幅，將同景刊，尤盼速藻是幸！弟比來得怡老人寫詩謹用朱文正家藏明代舊帋，乞兄補圖，同裝成弓。亦望蚤日揮就，交桐庵兄轉寄都中是敏！弟代賓虹鑒定故宮金石書畫，自誇眼福不薄，將來刊行鑒定，書呈　教。匆匆不暢，祗敏道安。文又拜。陶印脫本一。鈐「蔡哲夫」白文方印。

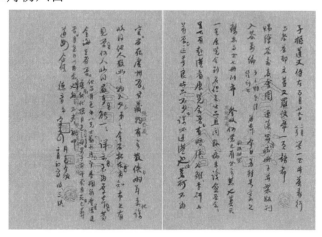

子樞道丈侍右：

　　正月廿九日三月七號督一书並茶壽行與祭茶邮文等，又螺紋帋一頁，務希賜繪《茶壽高會圖》，速藻。畀同裝冊子並製版刊入茶壽編第三期起陸續刊出为幸。今日另掛號寄上雜誌與書七冊，到希督收。何覺已有书回執付覽無恙也！莫天一雖展覽會列名，但無出品。且聞臥病，未識愈否？念念。足下有赴港看展覽會否？有晤張谷雛、李研山等否？區夢良出品不少，諒必返港也。茗柯不为官，尚在廣州否？其藏物有無散佚？兩年來他諒收得他人散出之物不少。弟之金石拓本未知市上有見否？何人收得最多，能一一詳示，至為厚幸！黃金海在省否他與月色第八兄士勤甚熟，即麥欄街廣發源建築店，能代探月色之母，已八十多。果於前年幾月死，已葬否？月色日为念也！匆匆不盡，祗叩道安，企候德音。弟文頓首，月色全敏！二月初六日。

子樞道丈左右：十四掛號寄上《國藝》等七冊，計可早到。《創刊號》一冊初版已完，希閱後仍擲寄，畀再版再寄上為荷。《茶壽圖》尤望速藻。頃得賓虹寫寄甚佳，且有題詩如左：「蓬勃同声興会多，河山舉目復如何？茶村遂爛新亭淚，又見昇州一老窩一。花冢茶丘費訪尋，爭墩賦古集苔岑。興亡休問前朝事，不盡江流變古今二。江東冠蓋冶城居，六代繁華畫不如。鄒喆葉欣傳俗格，荒寒誰與識倪迂三。」匆匆，此叩道安，企候法續為幸！弟文頓首。三月廿一。

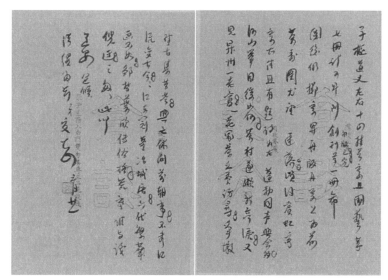

【注釋】

[1] 原件藏盧子樞兩公子盧汝圻、盧煒圻處。政協東莞市文史資料委員會 2002 年 9 月編輯出版《不蠹齋友人書札》全部收入。

致黃仲琴二十箋 [1]（吳曉峰整理）

陳彥通名恪為伯嚴三立之第七子，工詩，但烟霞痼疾甚深，非午後不起，且猶甚耳。西神亦如此，故索其作書殊不易。西神且有潤例甚貴。

仲琴社長左右：十三掛號寄上詩函並畫與「己卯」紀年小印，計達。務希賜復至盼！倫兒三月餘未有書來，尤為念甚。望就近探問詳示。今付上致鳳坡一書，請代發。此叩道安！弟文頓首。五、廿四。鈐「蔡哲夫」朱文長方印。

鳳坡為漢文中學校長。如過訪，請以棟花篇示之。王西神名漢章，南社老友也。

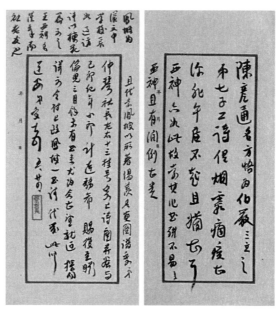

　　仲琴社兄左右：廿一號來書，知前寄畫、印皆到，稍慰！嗣又付上《棟花詩》等，諒亦可達也。請轉鳳坡函索書，望面催之為幸。日昨得倫書，謂港中友人竟有誣弟在此作高官者，殊不知難民艱苦。附上《除夕》《元旦》二首，務乞設法交報紙刊出以止謗為幸。慈博在港，茲奉上《棟花》一幅，亦索和作也。西神奉座主梁氏命來召，弟辭以疾，彼亦有慚色，故未多晤。書件或容索之。前在當塗寄失之件無從查耳。子老、玉老、雲史俱在港，乞代查示我。今先付上致千里一書，能代約倫兒同往見之，尤為幸甚！聞李桐菴亦在港，知其住處否？丘荷公今在何許？念念！日間託友匯上法幣廿元，請代收交倫為幸！此為筆金，恐未能即收耳。此叩道安！弟文頓首。五月廿九。

《棟花篇》，務乞足下與慈博和作並寫示昇同裝池，非以詠物，聊作興比耳！

仲琴社長侍右：五月廿九號上一书並《除夕》《元旦》三詩，請發刊。以明弟志，而止島中友人之謗。又請轉楊君一書，計可早到也。卅一號又託姚抱玄在上海代收得筆金法幣廿元，作國際郵匯僅得港幣十元 0 文亠毛，到日祈轉交倫，因恐倫不能收掛號信，故煩我兄也！倫不解詩中之「知閨」，「蘭不當門」，「偷活」。祈兄解□與他知，是幸！今特寫弟近作《詠史》詩於扇，以贈足下及慈博，望時時在手，倘聞有謗弟者，以此示之。亦可明弟志乎！畫石題詩為弟得意之作，希鑒存。千里伉儷皆工篆刻，為當代冠，未知有索得否！前見兄用「戊寅」紀年印不佳，今檢奉上，但為過時之物耳鈐「戊寅」朱文印。聞李桐菴在港，知其住處否？並請問慈博，知盧子樞今在何處？莫天一之藏書有散佚否？鄒靜存聞病、李鳳坡、馬小進各人有唔談否？弟時時欲脫離此而出上海，今付上上海朱鳳蔚來書，知無辦法。奈何奈何！幸得上海友人鼎力介紹，及在《申報》六月四號有人事動態一則與《社會日報》時時吹噓，比日生涯頗有進步。但恃此於亂世謀生，寧毋可歎耶！匆匆不盡。此叩道安！企候德音！弟文頓首。六月六號。鈐「蔡寒翁」白文方印。

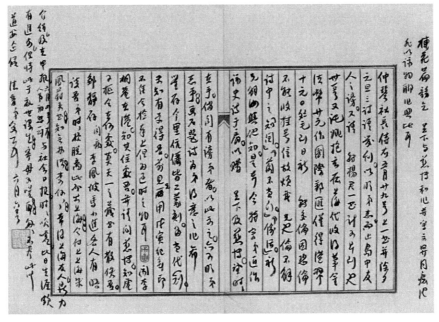

仲琴社兄侍右：查掛號寄上函件，並請轉交李鳳坡書，代索其寄《陽羨名壺圖錄》迄今未到，甚盼甚盼！又由上海姚君代郵匯上港幣 10 文亠十元，請

轉阿倫者，未知到否？尤为念念！今此地已通行軍用票，則較法幣更低折，恐不及五折耳，奈何奈何！幸日來天氣漸熱，上海、北京以潤豪來索寫扇面者不尠，但收款如此低折，奈何！前付上朱鳳蔚來信並望與倫看，可知弟日日盼望能脫離此地出上海，而終不能者。在此前寄上《詠史》詩一首，樂韻請改為「自以勛爵榮，著書署長樂」見《五代史集傳》馮道事，有所指也。望以示千里，定能曉也。匆匆不儩，此叩道安！企候德音。弟文頓首！六月十一。鈐「蔡哲夫」朱文楷書長方印。

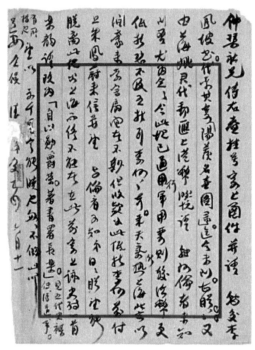

　　仲琴社長侍右：日前得六月五號詩函，拜誦，欣幸！承《吟存島寓》，至感至感！姚君代匯之款，計亦可到也。但如此抵折，殊難為計，艱苦博此潤豪，只直半數，奈何奈何！鳳坡書轉去並允再寄《陽羨名壺圖錄》，迄今仍未得。姚君轉來未知是否掛號，昔年寄當塗者固未到也。前在當塗寄失之件亦無從查問也。橘叟仍在當塗為醫生。前題《鳳六山人卷》早寄賓虹矣。劉平國復刻者多上帢「以堅固」末□□二字最易分別，此弟有重分，如有人能出港紙十元，可代售，交倫用，为盼！呂女士來書謂已作書寄上海柳林別墅□十十（七十六）號，囑轉遐菴为倫謀一席，□□代□遐菴港寓尤望，諒千里必知之矣，□掛號寄上函件，到希詳復為盼。此叩道安！企候德音。弟文頓首。六月十九號。鈐「蔡寒翁」白文方印。

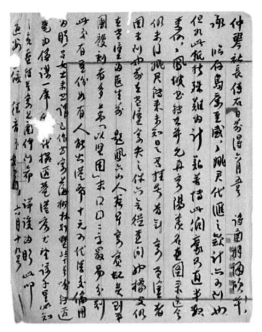

　　陳七为三立之子，詩甚工，但不工書耳！足下新用「赤柱寓公」印未知誰作？想是初學奏刀者。楊千里、湯今頎夫婦工篆刻，未識索得否？

　　書成未發，又得十號來書並賜和《楝花篇》，欣幸之至！但□□□在城南，乃與王十三、陳七寓齋相近，與弟居城北相距甚遙也。姚君乃五月卅一號在滬作國際郵匯港紙 10文≒十元，十號當尚未到。可異耳。到希交阿倫為幸！鳳坡既允再贈《陽羡名壺圖錄》，務必掛號，方不致遺失。切盼切盼！囑再寫楝花，容日以义尺宣畫寄不誤。慈博《楝花篇》亦祈代索之。日間更有徐澐秋刻小品匯寄桐菴、鳳坡諸君也。六月十九夕守文又頓。

　　五月廿九號上一書，並請轉千里一書計達，已曉千里否？六月十二號由上海發一書，改《詠史》詩樂韻二句，請看李西涯東陽《懷麓堂集》中古樂府，王凝妻注引五代史馮道事便悉，弟在此为難民，海內知交憐之，故竭力介紹藝事，藉潤豪为活，倘南旋，則多人以为已能歸去，誰更出力耶！但陸士衡云「託未契於後生，吾將老而为客」，亦非久計。前寄示朱鳳蔚書可見欲上海而不能，並望以此信示倫看，與今再付上姚揖君六、八信亦云件多潤寡，亦可想耳。且弟憂患甚□，□病時發。今服胃鑪每瓶五毛胃愈，但怔忡病則不愈也！王十三西神臥病至今未起，日前往視，見其沉重之至，並□□□語千里，千里夫婦湯今頎治印極（佳），未識尚奏刀否？弟昔□□得一印，今在行医也！

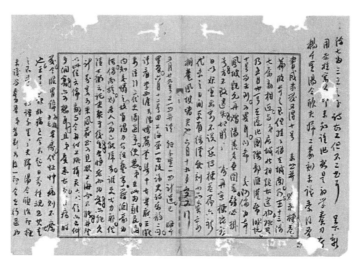

仲琴社兄侍右：倫書來，知承臨存面交匯款，實為感紉之至。聞千里居處須俟訪問，乞訪得先以函與能約時日與倫同訪為幸！囑作四尺屏幅，今如命寄上書畫兩幅及題名一紙，又日前掛號寄上徐氏所刻五種與今付上之函件分別轉致李鳳坡、李桐庵，桐庵在澳門，其通訊處亦望示我是望。倫書謂島寓至省亦需卅元，誠無可再省。但港紙卅元須法幣六十元，以我二人昕夕不暇所入，亦不過數十元，何能按月湊此六十元邪！但望倫能謀一席，可贍港寓，我可稍慰耳。慈博處亦迄今未有書來，並望催為《棟花篇》也。北京已熱至百餘度，南京亦大熱。未知島市如何？此叩道安。弟文頓首，月色同叩。六月廿九。鈐「蔡寒翁」白文方印。

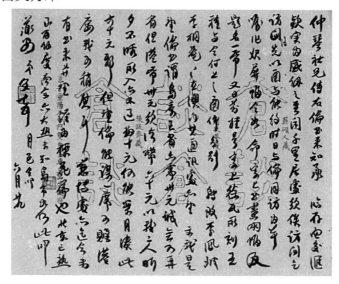

　　仲琴社長侍右：病中疊辱手書，祗悉一一。稽遲兩月餘未報，殊為罪甚！
罪甚！弟因去冬大病後不良於行，敷北京同仁堂狗皮膏頗有效，但夜深渴睡
之際，每作奇癢難堪，狂搔不已，不知皮膚損破，竟借傷成毒，雙腳患惡瘡，
紅腫日甚一日，西醫謂不得不割治，但以病後孱弱且衰老之年，又不敢多用
蒙藥，致甫下刀即痛絕暈去，打壯心針與進止痛劇烈之劑，方慶更生。當時
月色在旁，已驚怖太甚。然每日換藥洗膿，亦如受嚴酷毒刑，慘痛無似。月
色每睹此狀況，更憂慮太深，亦生病。同呻吟第間，幸尚有一少婢、一老僕
侍奉匝月，瘡尚未收口，而氣血太虧，又患瘧疾甫瘥，又患急性胃腸炎，尤
为危殆，皆得西醫日打針數次療治，且不能飲食，全恃打葡萄針代營養月餘，
方能略飲鮮羊奶升許與生果汁。金山橙每事十元，蘋果每事六七毛，兩月以
來，醫藥諸費約耗千餘金，幸各院部長多故人，皆有厚饋，方獲此買命之金。
島市友人不諒，竟有責我在此與若輩往還者。我既流亡弗能歸，不有厚祿故
人佽助，將何以為活邪！月來每日看報，見島市之危險，誠恐島寓亦弗能保。
今得我兄近書，知尚安定，稍慰稍慰！日前掛號寄上四尺屏條墨梅一幅，魏
毓蓀家驦墨拓本一紙尚有八尺冷金箋壽聯，請以港紙三元交小兒來□□□購寄上也，《稊
園詩課》一冊，《國藝》四、五、六各一冊，又小叢四種，另一份請轉交區夢
良高街六十四號二樓或竢其持弟片到取亦可。各件到日希即賜復，畀免遠念。張
諟齋黃龍磚及三龍畫像磚已代索，如得，當再寄上。南京明代修城專太多，
無人收集，六朝與蕭梁石刻多佳者，能先交十數元港紙在小兒處，當示我，
可陸續代收如何？杜茶邨《變雅堂集》港紙五元，如足下欲買，亦可寄上也。
比來弟病雖愈，但氣血太虧，孱弱特甚，時時可復發，則言而聲低，視物不
明及行步為艱，醫謂心弱則無聲，肝弱則不能視，氣血太虧，故不良於行。
如此衰隤日甚，不知尚能復原否？荷花生日適星期又將屆，南社諸老友在此者
皆來作竟日，設至少有三席，且均是弟病時曾以厚饋藥貲者，亦不能不治肴
饌以待之！島市大局報間略見，但望能安定，隨時惠我好音。至盼至盼！多
寫指端麻木不儡。此叩道安！弟文頓首。七月廿三號，庚辰（1940）六月十
九日。鈐「蔡寒翁」白文方印。

　　仲琴社長侍右：六月廿四掛號印刷件、廿九掛號寄上信件，倫書來，知已到，但未得示覆，甚念！託交李桐菴件，請問慈博定知盧子樞澳門住址，當知桐菴也。又交楊、蔡函件為何倫書謂楊不以弟為然，則殊未信。因楊倘無湯夫人，則如西神一般，何能去香港乎？且在安樂境而說風涼話。似楊對於老友，未必如是。至於蔡則素交厚，且老誠，當必能諒我。我《詠史》二章，亦能表白也。劉平國定十元今在前定廿元實不貴，但以港幣計可對折計五元港幣，□交倫收用為幸！弟今年花甲，南社、國學會全人代徵刊書貲，□應不久可寄上也。揮汗如漿。不盡一一。此叩暑安！企望示福。弟文頓首。八月一號。鈐「蔡寒翁」白文方印。

　　仲琴社長侍右：八月一號曾上一書，計達。徐達跋帖定六元折港紙川元，如購取，請將款交倫用。即示知。當即將帖掛號寄上，企候之至，因物主不能久待也！又劉平國碑拓折為港紙五元，如合亦祈交倫可也。問何蘐菴琴銘中之王斗為人，亦希示，因王西神託問者。六月廿四即八月九號荷花生日為弟周甲之辰，南社、國學會同人皆有桃敬為贈，是日在寓請客兩席，且映像为紀念西神、彥通皆病未到，可惜。今付上一張，希執事有便交去倫收，但不欲煩足下專去也，且王西神為作代徵著述刻貲小啟，不日刊成寄上，並祈交送。雖不可必得刊貲，但亦明弟在此為難民，專以藝事为活計也！丘荷公在何處？狀況如何？周同星、尤星白惦念之至。何覺今號蒙夫由蒙山來書謂代油印弟詩分寄知交，想尊處亦已收到。但云盧子樞所遭慘酷，今在佛山，幾不能为活，似弗如余夫婦为難民，遭此大亂，尚能以潤豪为活也！桐菴消息務希探示及將書件寄去。《楝花篇》和作甚夥，且有允为刊作四冊。望我代催慈博兄速藻，畀得編印为盼。饒伯子、丘荷公、丘海山諸公住址，務乞詳示，至盼至盼！昨見韓氏玉雨堂減神讖碑採之跋皆全稿，為原石精拓，且紙係極精而新，索價二千元，如此亂世安得有此人乎，唯飽眼福而已。匆匆此叩道安！企候德音之極。弟文頓首，月色全叩。八月十一號。鈐「蔡寒翁」白文方印。

仲琴社兄左右：頃辱六日手書，祗悉一一。前寄畫件皆到，甚慰甚慰！並承轉致蔡、楊、二李各件，尤为感紉，但桐葊住址仍乞示为盼。岳帖等今日掛號另寄上，希詧收。即以港幣三元交倫兒可也。劉平國拓本，南京竟無，而北京定價廿大元，折作港紙五元似，不能再折閱也。如有人要，請將港紙８元同交倫兒为幸。鳳坡已將《壺史》交到，務乞從速掛號寄下，至盼至盼！聞盧子

樞仍寓佛山，但未知住址耳。王斗之琴非印也，□博乃前年周敦菴得，已攜去北京，無從再拓也。明孝陵至今未能往遊，前裝成明信片者，今也無有也。南京修城磚以鋪路遍地皆是，多明代物，殊少精者，亦無人拓之。倫兒來書云已考取港大學，未知每年學費若干？亦未言。又云有一學位在雲南大理，亦不詳如何去及一切用費。少年作事，太無次序。如晤時請教訓之！揮汗手復。祗叩道安。弟文頓首。八月十四。鈐「蔡寒翁」白文方印。

　　十一號曾上一書並生辰紀念相一，計可先到。

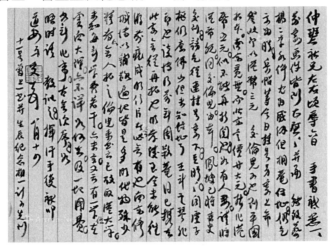

　　立幅一紙寄求

　　仲琴社督賜和劉雪蕉夫人七律二首元韻畀得與江院長諸和作同裝池，永充世守為幸。蔡文頓首時年六十又二，流寓白下茶丘。

　　八月十四掛號寄上各件如右：

　　岳武穆公墨寶一冊川又十頁，七姬詠林三冊分致慈博、鳳坡，吳城磚研拓一，吳倉磚拓本二，埜元王後印脫一，映湖印脫一

　　岳武穆公墨寶帖高川尺，寬七寸，已剪裱為冊二十二頁。

　　首頁：正德丁丑十月朔日忠定侯全省大將軍令惠親王奉敕題岳武穆真蹟龍文箋，陰印口口次。「精忠遺跡」四大字，字五寸強，並跋：徐達敬跋草書五行。

　　岳行書五言詩，每頁四行，行三字，十頁紹興八年三月既望岳飛。

　　岳齡跋乾隆五十九年。

　　王螯跋弘治丙辰小春月。

　　海瑞跋乙丑重九日。行書二頁，每頁八行，行八九字，甚佳

　　韓敬跋萬曆四十一年中秋日，行書兩頁。

張祥河跋。

郭鳴鶴跋。

定法幣陸元正如今請以港紙三元交倫，示知即可掛號寄上不誤。

疊承囑訪購徐中山王墨拓，遍詢未得，只此帖有中山王一跋，且書法甚佳也！

尊意如何？乞卓裁速示，當寄奉。鈐「蔡寒翁」白文方印。

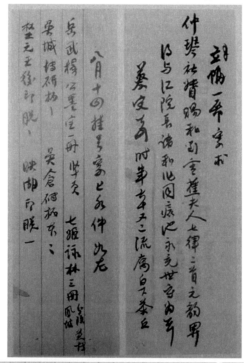

　　仲琴社兄老友侍右：八月十一上一書並紀念相一，十五掛號寄上帖與書，另一函及請轉鶴老、繭廬二書計可到也。十一代寄下《陽羨砂壺圖考》上卷一冊，十七即到，可謂快捷之至。連日橘叟晉都與遊及作畫甚樂，為足下寫圖並賦詩題之奉上，想真能一撫韡襟乎！冊頁一即希速藻賜題為幸！又代索鳳坡亦即題同寄下，至盼至盼！昨得賓虹以詩畫壽我，尤為欣幸之至！擬製電版為小啟封面。賓虹今在北京為難民生活，鬻畫大減價，小立幅與扇面皆法幣十元今港紙只三元，但四尺宣對開幅式最不古，他尤不願寫，寫之筆金必加倍計在昔有上款者須三百金爾也，我兄如必欲寫之，此四尺屏，則作卅元計，以九元港紙交倫收，而詳示弟，則可代求，逕寄香港畫則可掛號，香港不能逕寄款，且弟亦難匯港款。故最好望兄鼎力介紹賓虹續事，只詳示上款與幅式，定法幣十元作港紙三元算，由弟劃寄法幣去，而畫則可掛號逕寄港，似此辦法，甚妥！且賓虹續事想港中人士皆知其難得而潤貴，今如此大減，諒必有樂得者也。此次賓虹贈我小立幅長一尺五寸，寬八寸，又扇面山水一面，贈詩更佳絕，亦罹難以來第一快心樂事也！今付上與鳳坡函件，希轉交並代速其為橘叟題畫冊，與問《壺圖考》下卷已出版否？為幸！又何蒙夫一函則請代付郵為妥。慈博兄處催其和《楝花篇》，因急欲付刊也。桐菴、子樞住址探得望速示我為盼。劉平國作港紙8元能沽出否？又有武梁祠前後石室畫像拓本全套，亦作港紙五元，如有人購，亦祈交倫收，當即掛號寄上，何如？比日白下秋暑甚熱，揮汗不盡。此叩道安！企候德音！弟攴頓首。鈐「蔡寒翁」白文方印。

己卯（1939）荷花生日，周甲之辰和賓虹贈詩原勻。

赤日炎炎火裡蓮，異鄉人媿杖鄉年。緋衣天女不筵落金陵徐鉅故事，劫罅還饒命苟全。

黃賓虹原作

感時孄讀蘭成賦，得閒欣聞絳州年。莫怪空山自幽淡，青青松柏有天全。

仲琴社長吟定並希寫寄丘荷公為盼。文識於白下。鈐「蔡寒翁」白文方印，「己卯周甲」朱文方印。

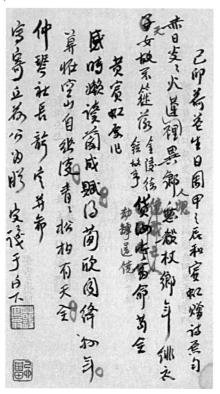

仲琴社長侍右：廿二號掛號寄上畫件計可先到。頃得倫兒轉來蔡鶴老院長廿四親筆書囑，開示倫兒學歷，允為紹介，今有復書，仍乞呈下代交去。弟並另函鳳坡竭力佽助，或冀有成，則港寓庶可支持也。千里至今未有回書，頗可異耳。橘叟畫冊務乞速藻題之，與鳳坡題者同掛號寄還是幸！李桐菴澳門住處，尤望詳示。岳帖計到。劉平國定價港紙五元，有購者否？此摩厓有複刻之四種，皆白紙拓，但字多誤或闕，一望可辨。至於原石拓本，即北京今亦不易得也，雖云廿金，廿金亦無從買也。武梁祠畫像全份，亦有友人欲買否？因傾城與倫兒皆病，弟又不能籌寄，正焦灼萬分也！匆匆此叩道安！弟文頓首。八月卅。鈐「蔡寒翁」白文方印。

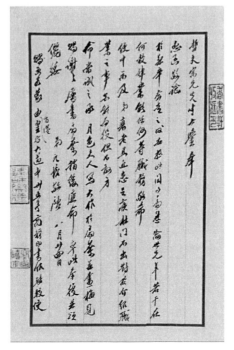

附：蔡元培函

　　哲夫宗兄先生大鑒：奉惠函，敬詧。於艱辛奔走之日，安抵此間以為慰！倫世兄年若干？在何校肄業？能任何等職務？敬希便中示及。弟衰老且近患足疾，杜門不出，對於介紹職業之事無能為役，但不敢方命，當試之。承月色夫人寫大作於扇葉並畫梅見賜，謝謝！屬書扇葉，稍緩應命。率此奉覆，並頌儷綏。弟元培敬啟。八月廿四日。

　　賜函如蒙，由香港皇后大道中卅五號商務印書館轉較便。

　　仲琴社長侍右：頃得廿六據郵印乃廿九下午縢書內有書八月八號、八月十號者五紙，一一拜悉，知前寄岳帖等皆到，並分致慈博、鳳坡、千里、子民，子民於廿四有親手回信寄島寓，由倫兒轉來。弟於八月卅號回信，仍寄足下轉致，計必早到。但未知子民已離港否？為念為念！連日得兒女廿五、七號來書，殊驚惶，且因醫生信口謂倫兒肺傷，尤為惶恐。但弟與友人細細研究，島市實無甚危險，其富人自為貴重先去。弟此次經大亂而深知，凡逃亡者，逾先逾遠者，則受苦逾甚，且有危及性命者，反不如窮人拼死不去，轉得不受苦，且能生存。真危急之時，入近山中暫避，稍定即返，此輩受苦最輕。此信天翁之經驗也。望以此語轉慰吾兒女為盼！杜茶邨老客金陵果能南歸，老友相見否？誠不可料之事也，寧勿黯□。餘另紙一一裁答。此叩道安！企候德音。弟文頓首！九月四夕。鈐「蔡寒翁」白文方印。

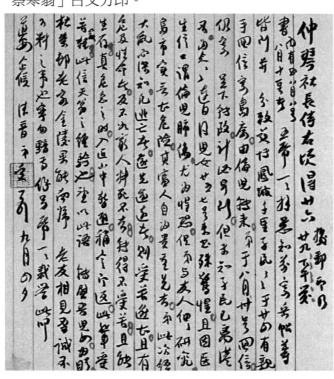

　　魏家驊為岳母陶太夫人壽聯乃丈二硃砂冷金箋，且新精罕匹，故已與再四磋商。定價港紙五元，日間當掛號郵寄，寄到希以港紙五元交小兒收用可也。因小兒正病在醫院，需款甚急也！此叩。仲琴先生吟安。弟文頓首。九月十八號。鈐「蔡寒翁」白文方印。

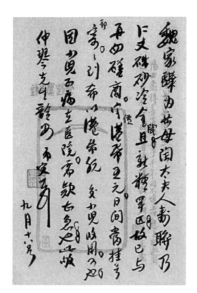

桐菴未往粵西，在赤坎辦鹽務，家住「澳門連勝馬路十號二樓」，今先請將六月廿九號寄上各件，交誠益莊轉。倘不肯代轉，則祈代寄澳門為幸！鈐「蔡寒翁」白文方印。

仲琴社長侍右：頃辱八月十七日九月廿九號掛號來書並題橘叟畫冊一頁，又五古一首，又題鳳公畫冊詩，均一一拜收，當即分致黃、李二君也。前託交鶴卿、蒙夫、鳳坡三函，承一一代致，感紉感紉！鳳坡謂有函致鶴卿薦倫兒職，甚感甚感！灣仔軒理詩道新新書局帥銘初來書云在港為賓虹介紹藝事，每月約有潤豪三五百元，弟前函所謂潤優待事似不宜宣布。但如兄欲得其作《焦山消夏圖》小手卷，未知尺寸如何？然有文字因緣且弟力為言之，諒不致改其例。若高五寸，長二尺，則至少亦須送法幣十元，已不及其例十分之一也！四屏四尺紙對開則雖照足其例亦不肯寫，因此度太不雅。即如湯戴亦不肯多寫也。弟周甲承賜詩已欣幸之至，又賜刊貲交倫兒，尤為感激無涯也！倫兒消瘦且調理無力，洵可慮也！武梁祠前後石室畫像大小十二幅，確是原石拓本，且是道光間墨本，光緒以來其小字又闕甚多也。今實計港紙五元，掛號寄上，到日希將此款交倫兒收用可也。又前取去劉平國摩崖原拓如何？亦甚望代為售去，以款與倫兒調理為荷。前代請蘇州圖書館長徐澄秋徵求《文字捃華》與補寄小叢書，已寄到否？念念！千里尚有晤談否？已索得其治印否？足下所用之印有似簡琴齋者，有似鄧爾疋者然乎！盧子樞仍在佛山福賢路金線正街廿二號鍾宅，想慈博必知之。慈博允為《楝花詩》，何以數月來尚未脫稿耶？聞汪憬吾前月十四號八月初二日在澳門逝世，憬吾亦酥醪道友，如有訃到祈示我。他之生日，為

補入弟與慈博同輯之《古今名人生日表》為幸！今付上致鳳坡一束，祈加封寄去。與李桐菴一書則檢前付上，等送誠益莊為荷。島市安謐，足下亦無他徙，想鶴卿亦不去別處。唯望晤時再速其為倫兒謀一席以贍家也！匆匆此復。祗敏道安！弟文頓首。十月八號。鈐「蔡寒翁」白文方印。

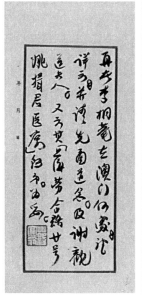
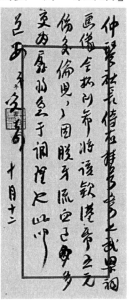

仲琴社長侍右：掛號寄上武梁祠畫像全拓，到希將該款港紙五元飭交倫兒，倫兒因脫牙流血過多，更為孱弱，急於調理也！此叩道安！弟文頓首。十月十二。鈐「蔡寒翁」白文方印。

再者李桐菴在澳門何處？望詳示，並請先函道念及謝觀蓮夫人。又示其「上海勞合路廿號姚揖君醫寓」轉弟。為妥。鈐「蔡寒翁」白文方印。

　　仲琴社長侍右：重陽來書拜誦，知武梁祠畫像已到，該款港紙五元，承擲交倫兒，欣幸欣幸！委刻道號印及庚辰紀年小印，竢月色稍瘥，當奏刀寄奉。但月色神經衰弱，舊病復發，已兩月餘未嘗治印也。誠益莊肯代收桐庵信件，承轉去並函知，感紉之至！鳳坡再索題名墨本附上，並□均希轉去，並代催其回信是盼。劉平國拓本尤盼早日代售去，畀倫兒以為醫藥之貲。幸甚幸甚！索賓虹寫《焦山消夏圖》小手卷，請裁紙與書，逕寄「北京石駙馬後宅七號」，可言明由弟介紹及送筆潤法幣拾元折港紙如干交小兒阿倫代收，函弟劃交，似此為妥，因帥君同是在港，而彼送筆潤相差太遠，不欲使友生疑，夫貧乏之人尤不足取信於友也！但由此郵匯北京，郵匯水亦極貴，十元須約二元也。倫兒已有書來病已愈，但太孱弱，須調養耳！附上致徐澐秋一書，請送寄，代催其補寄小叢書也。千里、爾疋在港皆時時晤談乎？盧子樞仍住佛山，或偶入廣州耳。慈博兄能於亂世避地海外以授徒為活，令人健羨健羨！《棟花詩》請代催之。鶴卿仍在港，晤時務乞鼎力與言為倫兒謀一職事，畀得以贍家，至盼至盼！月色在攝山白乳泉試茶亭亭照片，容檢出付曬寄奉。比日貧病交迫，心緒亂如！不盡一一。此復祗叩道安！弟文頓首。十一月二號。鈐「蔡寒翁」白文方印。

　　仲琴社掌足下：日前掛號上一書並祈轉交倫兒一書，今特命走領補寫上《除夕買裘》詩，用博一哂！十二月廿七號寄上各件，計達。希一一詳示為盼。谷雛來看展覽會。望再代催其與鳳坡將壺之複印件拓本寄來，畀與西神同編入《陽羨名陶譜》為幸。展覽會彙刊望賜寄西神與弟各一冊為幸。匆匆不儩！此叩道安　弟文頓首。

　　人日鄧秋枚果在港乎？港中尚有人買古畫乎？希詳示為盼。

日前曾以虞虞山受言印潤例寄上，計可收到。今更檢其印脫廿二寄奉，希甄賞。其篆刻牙、玉印甚工，為賓虹、禮堂、褚德彝及余作六牙印均古雅。如足下及島中友人慾刻牙印者，乞鼎力紹介，因受言今困處鹽城，殊為窘苦也。倘由弟介紹當可減潤至一字一金如何？受言並工詩詞也。寒再拜。鈐「蔡寒翁」白文方印。

附《蔡守求葉遐菴書「茶喜亭」匾》條

葉老先生遐菴賜書「茶喜亭」橫額。蔡文拜求。鈐「己卯周甲」朱文隨形印，鈐「蔡守」朱文瘦金書方印，鈐「丁丑十一月七日當塗罹難，戊寅八月二十八日廣州家破」白文方印。

（附）寒瓊月色姑孰罹難，廣州家破，南歸弗克，流寓秣陵城北，僦舍為杜茶邨故宅，深慕其不為兩截人，且同耆茗飲，因茶邨有茶喜詩，遂結草亭，囑為榜之。葉某某並識。

【注釋】

[1] 北京弘藝（原百衲）2018 年秋季拍賣會。

致黃仲琴二箚 [1]

仲琴社督足下：前寄上《國藝》創刊一冊，至竟到否？念念。今特掛號寄上第二期二冊又一冊則祈轉交德輔道中八十號《大風社》陸君，收到務希示覆為盼。展覽會定多法物，但子樞書來謂莫天一之藏書已多散佚，可歎可歎！一月廿七號掛號一信並書畫印等件，迄今月餘未得回書，甚盼甚盼。二月十三號又上掛號書一封，十五號又掛號寄上「茶壽會啟」十八份，請代分致，計亦到，何以未獲賜覆邪？昨陸丹林書來，知弟另寄展覽會啟已到也，「茶壽編」將於《國藝》第三期起刊出，務希足下與千里、雲史、仲瑛、慈博諸子有詩張之。茶邨墓上

石刻中有方苞等碑全份約港幣三元，足下如要，亦可寄上，該款即交倫兒可也，「茶壽會」祭文寄上，希與諸子同覽為幸。春雪低寒不贅，此敬道安，企候德音之至。弟守頓首，三月五號。展覽會出版冊乞即寄。

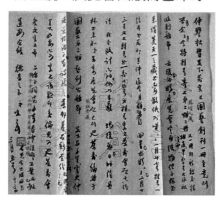

仲琴社長左右：四月三號手書拜悉。前寄函件，一一俱到，甚慰，甚慰。茶邨墓上石刻亦到了，該港幣 3 元，候倫兒到領。劉平國摩厓拓本如無，賓虹寫圖一軸，亦遵命港紙 5 元讓與，因島寓極窘乏，可云少補也。夢良函件，務乞探交。至盼，至盼。但陸丹林書來謂前讬兄轉《國藝》第一、二期兩冊，迄今未得收耳。千里為丹林新刻白文兩印佳絕，尤以十一字一印為最。未識足下曾見之否。陳氏遂初園遺石，俟友人有暇當趨攝景，洵人間尤物也。前寄拓本小件，亦多精品，尤以朱晦菴銅琴為罕得，洵希世之寶也。弟比來病足，足不出戶。且抱定寧乞食不爭食宗旨。日前某院長冒雨驅車過我，亦如茶邨之意。故者不失其為故，仍見之。一把晤。某即大興謂，幸不為錢，蒙叟見拒于于皇，弟之孤峭，亦可見矣。何以島市仍有友人不亮。謂我參加某某組織歟，望兄為我力辯此謠，為幸。杖銘附上，亦足證不妄也。匆匆此叩道安，企候德音之至。弟文頓。四月十二。茶邨固副榜也，又及。

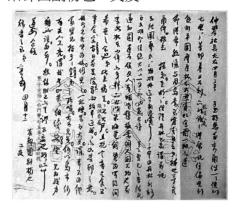

　　橘叟社兄畫冊一頁，乞仲琴社督題詩。弟文代求。三七、十一、十

【注釋】

　　[1] 上海某藏家提供。

致楊千里一箚

　　繭廬社長侍右：賚上詩函，未承裁鑒，甚盼！乞寫詩扇，尤希速藻，至望至望！蕈蒫大病幾殆，稍愈。今又復病，衰弱便甚也。匆匆。此叩儷荂！弟文頓首！月色全叩！八月十四。鈐「蔡寒翁」白文方印。

致李景康一箚

　　鳳坡社兄侍右：

　　仲琴轉來《砂壺圖考》。於廿二日寄仲琴轉復一書，並橘叟《試茶亭圖》，合作梅竹一幅與小照等寄奉，計已收到也。頃得家崔卿院長元培廿四日書來，囑詳示倫兒學歷，允為紹介。倫兒以母老多病，不願遠離，欲在港得一初中教員，則可以贍家。嘗請崔老向港學府紹介，以何較為宜？希就近詳示倫兒，並望鼎力伙助玉成。至為厚幸。《壺考》下弓如已出版，尤望從速賜寄一冊。聞谷雛在港，想必時時晤談。並請道念。程賓白弓，賓虹書來，亦稱罕得。洵破家後重得俊物也。草爾不暇。祇叩道安！企候德音不已。弟文頓首。八月卅。鈐「蔡寒翁」白文方印。

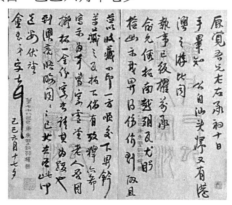

致羅原覺一箚 [1]

　　原覺吾兄左右，承初十日手畢。知公自汕頭歸，又有港澳之遊，比聞執事已返櫂。前承俞允假拓南越磚瓦，尤盼檢出示我，畀得餉價到取。且並以收藏小印一方順交下，畀鈐尊藏之瓦拓下。倘有考釋，亦希寫示为幸。曾寄學堂老人否？擬拓一全份寄去，請其為跋也。到澳亮晤晦聞。晦聞已北去否？此即道安伏望金玉！弟守頓首。己巳六月十七夕。

【注釋】

　　[1] 原件藏王貴忱可居室。

致羅原覺一箚（吳曉峰供稿）

　　澤棠先生大鑒：今日將禹陵窆墨脫存寶珍樓，請取看，如合則欲與易伍逸莊所題金石一張。如不合即交還陳盛，俟弟取回，是碑粵中罕見，此乃乾隆以前舊拓精本。弟此次遊西湖，在杭州城以重價購得者，殊尠見之品也。伍氏藏器，弟於夢花館早已為訂價，一時為足下捷足先得，故心殊念念不忘。此器今

尚在伍家，日前曾晤逸莊，已許假拓。但弟覺頗費精神，故肯割愛以禹陵舊拓
與易，尚希　　俯允為盼！此請吉安！翹企複音之至。弟文頓首。鈐「蔡哲夫」
朱文長方印。

　　禹陵窆似此舊拓在粵必可賣六七元之價也。乙卯（1915）十月十六日午。

致羅原覺十三箚 [1]（劉麗麗供稿）

　　原覺兄鑒：麃孝禹石今歸山東莒州莊氏，茲將友人來函付看。又叔言敘一
篇付上。兄欲治金石學，弟正願佽助之。兄得多字城磚，謂似流沙墜簡，在望
印拓示一紙。又弟處漢代磚僅三四種，未知每種須拓若干張，請示，以便語張，
張金照拓也。匆匆。此叩道安。弟守頓首。六月八早。

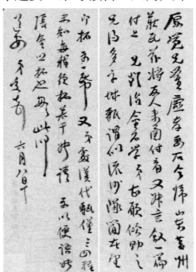

　　趙席珍謚號外號及時代，乞詳示為幸。覺兄左右。守頓首。壬戌三月廿九
日。

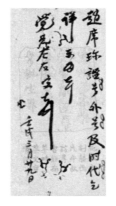

青主立幅友人不合，連日不見張金來。今日交阿偉奉還，計達。弟因所辦各事未畢，或延至二月初六甫能往港。汪亮冊子，弟已有函與夢良，謂重裝後大為改觀，必攜到港，與共欣賞云云。足下到港見伊，可云代弟以三百二十元購得。今已俵好，絕佳，如此可也。大拓本交張金帶來，請再惠我二張，俾轉贈趙尚書也。足下何日往港，祈先示我是盼。匆匆，此請原覺兄安。弟守頓首。三月廿號。二月初四日。

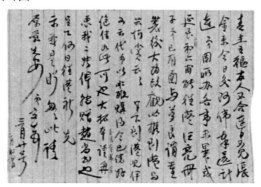

原覺道兄鑒：昨日來書，知《西廂記》正冊尺皆取得，望交張金送去舍下為妥，因梁保三十九生日，家兄必來賀壽也。頃得黃濱虹書，知交晦聞帶回冊頁十二張，望晤晦聞時，請其並交家兄帶來，先睹為快。連日報紙皆謂孫氏召集名流如晦聞等商量國事，未知晦聞果能自行否。公何日啟程，望示我。此敬道安，弟守頓首。二月十三夕。

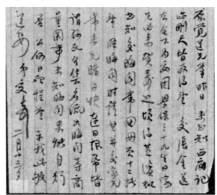

今日以電話問青年會，始知足下上省。日昨聞區夢良云足下有擔當禾上畫一張，如到港，請即交來一看。又在省中見有至工細山水花卉人物，可帶一二來。不要有名，只要工細、好顏色便合，大張與手卷亦不要。原覺兄鑒。十一月卅日哲夫白。

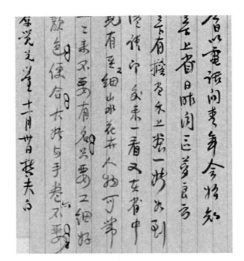

　　讓之字屏六十元，已代沽去。兄何日來，望勿遲。老潘已有信去桐君處取書畫也。工細、好顏色之四屏，均不可長大，小中畫多多帶來可也。春小夫婦茶壺，務求設法購取。觀音像與血尊佛像，亦希即帶來。弟不返省，專候兄來也。匆匆。此叩原覺兄安。弟守頓首。十二月廿一日。

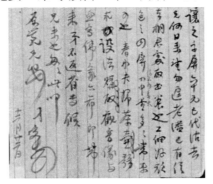

　　陽羨壺一事已收到，但切不可言是弟買者。述叔之鴨爐筆筒，何事覓，望詳示為幸。齊寶帶沽去否，念念開正。足下何日來港，祈先示我為盼。觀音象望切實催李煒記，我確未取也。歲莫崢嶸，匆匆。此叩原覺兄新禧。除夕。弟守頓首。

　　原覺道兄侍右：十七日曾上一書，計達。承俞允假拓南越磚瓦，亮已檢出，希即擲交來手帶返，並望借收藏小印一紐，畀鈐在尊藏瓦拓之下為盼。此敬儷祉。弟守頓首。六月廿五日。

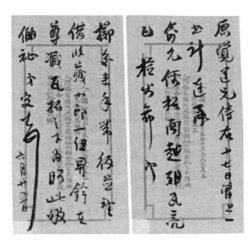

鐵帶鈎，區氏不要，奈何奈何。晦聞已後晉省，想已晤面也。黃大珍方盆取得，想交舍下也。硯匣已交張金否，念念。此叩道安。原覺兄左右。弟守頓首。二月廿三日。

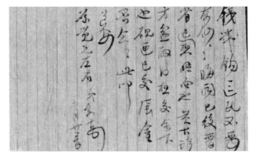

君展處之石灣方瓦盆，務祈足下未入都前能謀得，因弟酷此盆，以為茶具中之精品也。幸勿忘卻。哲又及。

原覺道兄鑒：弟昨夕返省，務希明天上午過我一談為盼。此叩時祉。弟守頓首。正月廿八早。

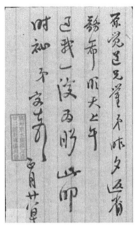

前上一書，未答，何也？武梁祠畫像，閱後請早日擲還為幸。六月望日。哲夫。

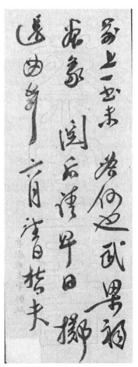

自港來兩信，均收到。武梁祠畫像亦應收回。頃來信及磚拓均到。謝謝！瓦拓望早日交下。磚拓價及多少，已令張金到面訂也。匆匆此覆。順道原覺吾兄安。守頓首。七月七夕。

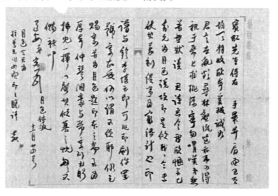

【注釋】

　　[1] 現藏廣州博物館，羅原覺家屬羅德慈女士捐贈。

致黃賓虹一箚 [1]

　　賓虹先生侍右：手畢並扇面五頁，均一一拜收，欣幸奚翅。誠如君言，世亂頗尋林壑瀏覽，亦弗可得。祗於紙上求桃源，寧勿喟歎！弟愁苦無狀，讀君詩畫，令我欣愜無已！俞允為月色說項，即是伣我，我今專仗其篆刻續事為窮活計也。印譜與鈐李堪玉印可作印刷件，掛號寄甚妥。何以謂不便耶？仍乞賜寄並為月色題印本之崇，至為厚幸！仲琴潤豪與紙寄到，尤盼拂冗一揮，以慰其傾慕之忱。匆匆不儩。祗叩道安，弟文頓首。月色侍敏。十一月廿四號，庚辰十月廿五。鈐「蔡哲夫」白文方印。

　　月色今天為柱尊兄作四面印之脫，請教。

【注釋】

　　[1] 嘉德四季第 51 期仲夏拍賣會。

致黃賓虹廿一箚（吳曉峰整理）[1]

昨歸檢翰，《西清古鑒》漢博山鑪，乃房中具，形如豆，獨足下有盤，上有蓋，蓋作山形。君予我者類盂而有乳足，似唐代物，非漢器也。又君所藏之銅缾、周子孫觶近之，似非商瓠也，未識否然邪？鄙人弱植，所畫沒筆花卉，願得君佳什，當跋以識舞勺之筆，甚幸余生於癸未，戊戌乃年十六也。續事之餘，尤冀過我為盼。守白。十二日。

……未知在皖垣更有收得否？念念。前上書問古印中「惟」字之義，尚望詳復為盼，因僕每有疑難於心，終未能釋者，少甫今久不在滬，故欲質疑似無從也。日來畫興甚佳，連日作畫，顧欲學山谷，惟僕之筆往往纖弱，似未能為山靈寫照耳。草此不暢，順叩道安，企望德音不置。弟有守南無。閏二月十二日。鈐「國學保存會藏書樓印」朱文印記。

再者前求篆刻「哲夫己酉後作」一印，倘暇還望早天奏刀為幸，倘安慶可覓舊印石，並乞代覓二方，一刻「有奇堂收藏金石記」，一刻「哲夫讀既」，辱愛深厚，故敢頻頻求教，亮亦弗吝也。有守再拜。鈐「國學保存會藏書樓印」朱文印記。

樸存先生鑒：日前紹介王君秋湄趨詣。……秋湄為吾粵報界有名之士，且為貞社同人，望與接洽為盼。

樸人社長足下：頃辱手書，具悉，交龍君帶上石印，均已得達，甚謝甚謝。星州雖未能追秦漢，然亦俗手之錚錚者，故弟與爾雅以為覓治者不易，故不遠千里而求之，彼不知吾輩之推重如此，而往往延稽經歲，殊不解人意也。晦聞與弟皆欲如滬，但恐未能如願耳。聞海上貞社已成立，每星期之雅集，討論金石書畫，何等樂耶！弟輩未得與聞，大為憾事。粵中尚未有辦法，且金石南天貧，而粵尤為南天之南，益覺陋絕，奈何奈何！沂水劉惺父以秦量詔版寄為弟得兒賀，其色澤固無論，而文字亦精湛罕匹，今拓呈法鑒，以為如何？聞高氏昆弟皆有所戀，恒趻在報社，如此安能成事乎？可惜可惜。再，論畫報事楡，請與高氏同看為幸。匆匆，此覆，即請道安。弟守頓首。七月十八夕。

樸存先生鑒：疊上數函，未得裁覆，至盼至盼。弟在星州處印石前後共四十六方，望足下代催，達其治就，準交王君衍帶回為幸。黃少牧與李壺父云與足下相見甚歡，但此人有文無行，□□留心處之為幸。弟守頓首。

樸存先生鑒：坿上天民社啟及簡章，乞採登貴報，其發起人只用晦聞及弟可也，餘恐他省人不識耳！日來粵垣內亂未靖，大局殊危，而山妻又勾劇疾，

真家國兩愁絕之時也。未識北地消息如何？尤為翹盼。初二日曾答一書，計可先到。洗兄云各物交廣大輪船帶來，今該船到粵又去，上海仍未見交來，殊为緊切！因黃、鄧二子時切得也，星州之款晦聞已速秋枚即交，萬無延遲，望代速星州早日撥冗篆刻為盼。漁父已如武昌，函請交少屏代拆可也。星州遷居何處？仍乞詳示。前求畫《水周堂圖》《蒹葭樓寫詩圖》，均懇速藻至盼！夾上一函，乞擲交泗□路為荷。劉三、貞壯消息尤望示我。匆匆此請道安。弟文頓首。十月四日。

　　樸人社兄鑒：前曾上書問金石雜誌辦法，望詳示為幸。小進以小素絹一張長方乞畫山水，萬望速藻即寄，此是同人集冊，今祇等足下一張，即可裝裱也。又星州已將從前付上之印刻就，望即代取，包裹好交北京路普源公寄。□□寫法，別紙付上。

　　樸存社長兄足下：頃得香港普源公來書云，已得收石印，日間即可到省也，請勿念。今日有友人以古銅印都五十七方來售，索價六十元，但其中精真不多耳。今先拓本呈鑒，如何請即裁覆，倘可取，則以代購戈款十六元、印譜款十二元抵去廿八元，餘多少再計可也。弟返里二年，從未見有古銅印，今忽得此，頗喜出望外，因欲為足下物色而不可得也。匆匆不盡，企候德音之至。聞曼殊已到滬，未知有晤面否？此請道安。弟守頓首。舊十月廿八日。

　　濱虹先生大鑒：弟於望後一日抵家，但季子失意而歸，殊無意味，加以小樓湫溢，暑氣如蒸，尤令人難堪耳。序東所與薦書又多屬子虛，因王小宋將啟行北上，羅雨三則適交卸，吾運蹇如是，奈何奈何！在滬時知吾粵巡按使李公與君舊知，且素重執事，弟今窶乏如斯，諒在洞悉，倘君故人情重，能與弟數行紹介往見李公，俾有噉飯讀書之處，真感激靡涯也。且與李公書不必他言，祇敘與弟交情及弟所學、今之狀混可也。匆匆，此請道安，不一一。弟守頓首。六月廿三日。

　　濱虹社長兄大鑒：近家兄歟篪過滬，敬為紹介與執事良晤。家兄素慕執事法繪，並有尺幅求畫，乞速藻為幸。又繆墨庵請執事代交費龍丁刻印並尊藏甲骨，請一併交家兄帶回為幸。日前寄馮挺之兄轉交一書，計達。墨庵歸來已見朱省長，想必有大用也。匆匆草上不宣，順承起居。丙辰九月晦日。弟文頓首。

　　廣州拆城以來，發見草隸碑不少，尠有年號可考。日前得此永壽三年磚，草隸佳絕，即拓呈法鑒，當必忻賞也。又獲玉印二組，係璧一，製作文字皆奇古可玩，歲晚窮愁交迫之時，以賤價得之，洵足以含笑過新年也，未知比日古

緣如何？亦希示我一二。濱虹先生左右。庚申十二月十一日，守拜首。

乾隆厚羅紋紙，對折小冊十六頁，求賜續焦墨粗筆山水，題與「月色女」，祇此三字，幸勿再加稱呼。乙丑十月廿日。弟文頓首。

賓虹先生有道；初三日曾上一書，並硯拓二紙、馮女士寫詩一紙、三體石經□石拓本一紙，計可早到。頃得楊鐵夫來書云，請寫冊子、扇子，欲送筆金十二元，囑先容，今即將其來書奉覽，並乞俛允為幸。又得鄒景叔兄惠寄之所藏漢琮畫像拓本一紙，欣喜之至，但無第二拓，未知尊處能惠我否？盼切盼切。今夕在高八家已見《藝觀》第四號，但弟處仍未到，未知是否亦交天祥寄來，念念。弟於三月十二日、十七日連付公函件，未得裁示，至以為盼。去年承惠小妾月色枯筆小□冊，都已裝褙，珍玩無量，乞作詩卷合冊，亦希速藻是盼。匆匆，此叩道安。弟守頓首。四月五日。

再者，聞葉湋漁玉森已為巢縣縣長，其新刊之鐵雲藏龜之□，未識已寓目否？弟檢往年集拓廣州城磚之有各家題跋者，約五十頁，先仿其版本印行，在港商務印書館估價印五百本定銀貳百元，未識貴否？前寄宋木造像拓全冊，未識是否分刊入《藝觀》雜誌中，且何時方可出版，盼望之至。……弟守又拜。四月五日。

賓虹道丈侍右：聲問久闕，時以為念。弟自春間何敍夫將軍離軍校，弟即辭職閒居。前日晦聞亦棄官去國，弟樓之五羊市上，益為寡歡。且分寓廣州、香港兩地，皆甚於長安居之大大不易，更不知何以為活計耳。比聞廣州越秀山頭仲元圖書館已將落成，而館長人選尚未定。素聞居素先生與陳主席（真如）摯交，倘得一言，定能有效。務乞執事念弟貧乏至此，鼎力與居素言，請其鄭重致函陳真如，推薦弟為仲元圖書館長（張景齋因任潮關係已辭職離粵也），畀弟本其所學，為先友效力，至所願也，且藉其薪水亦可稍足贍家，至為厚幸。月色自去年得公面授，筆墨之法似有進步，今特檢其近作一幅呈教。又一紙則希轉致居素先生如何？晦聞今寓澳門沙岡柯高路十九號，重治《毛詩》，一時不壯行也。秋湄近在上海否？念念。揮汗，此叩暑安不一。弟文頓首。己巳五月廿九早。

賓虹道兄侍右：秋湄南旋，知中秋公有入蜀之遊，久無消息，至以為念。得硯英示通訊處，曾上一書，未識達否？日前得吳公又陵寄來十一月九號《新新新聞》，才知我兄已如願遍遊蜀中佳山水，且安抵成都，至為欣慰。但該報竟引王一亭、陳樹人與我兄並論，比儗不倫，實堪噴飯。樹人僅習倭畫皮毛，

吾粵繪事家皆羞與為伍，烏得稱為國畫宗師耶！不知蜀人何以傾倒斯傖耳，可笑可笑！計我兄入蜀已將四越月，何時返櫂耶？峨嵋照片如有佳者，及我兄遊山新詩能寄我，尤為不翅百朋之錫也。方鶴老、龔熙臺藝術如何，亦願一睹也。匆匆不傴，祇叩旅安。弟文頓首。廿一年十二月廿三日，壬申十一月廿五冬至。

　　（上殘）寫與卷冊，去年罹難，尚珍重寶藏，祇寫蜀中山水詩畫四扇在廣州，則同化劫灰，至為痛惜，茲附上一扇，仍乞賜續（弟今年周甲，以此奉我，一笑），並寫新詩以填此憾，如何？弟今流為難民，家毀何忍言旅，亦藉筆墨為活計，月色昕夕鑿山骨，亦不敢作鈿閣之怨聲，寧勿可哀乎？己卯夏仲，守書於白門。

　　赤日炎炎火裡蓮，異鄉人媿杖鄉年。緋衣仙子不蓯落，地變天荒命苟全。奉和原玉，希予向老兄一哂。弟文貢草。己卯中元。

　　賓虹老兄足下：八月廿八日掛號寄上《程賓白畫冊》款識與跋，淺絳冷金箋二葉，乞賜跋程冊及冊首，又米色舊冊一葉乞題汪芥亭畫冊首，白色冷金箋四條乞詩畫，計可早到也。九月三號又上一書，迄今月餘未辱寫寄，至盼至盼。香港帥銘初書來謂每月介紹繪事，潤毫可三五百金，信然，則足下筆墨生涯亦不惡也。今得黃仲琴寫寄奉題鳳六山人畫冊一來囑轉上，並云欲得足下為寫一小手卷高約五寸，長約二尺，作《焦山消夏圖》，因流落島市，殊非裕餘，擬奉卅金，足下俛允，當即寄奉如何？此叩道安。弟文頓首。十月八號。

　　仲卿標榜海騷閣南海陳曇深慕鄺湛若，自榜其閣曰「海騷」以儷嶠雅，爾疋矜持綠綺臺。雲韡威儀空相像，從亡翻妒何能來。為何覺題蒙山小隱卷子，乞予向老兄吟定。文亂稿。己卯臘八後四日。

　　賓虹老兄執事：病中得掛號書，並《蒙山隱居圖》卷子，洵得意之作，且題句亦高妙可喜，欽佩欽佩。但蒙山已淪為戰域，不識何君更從亡何去，須竢再得其消息方能鄭重寄與。我公患目疾須用手術，諒靜攝不久定能復元，肇豫書來，同深注念，並為代致意。王希哲書謂已給所得璽印計亦可到也。汪蔚畫冊子，我兄不欲題，何敢相強，惟乾隆白色冷金箋四條，務希賜續，以傲垢道人焦筆為公獨步，亦文素所愛者，幸無吝也。十一月廿五號寄上仲琴來書，乞寫《焦山消夏》卷子，亦望有以慰其久慕之忱是幸。又託庵轉交烟客續畫年表一冊，計達乎左右。時在北京出版《中國文藝》中，得拜讀大著，佩甚佩甚。弟亦以《金泥石屑》瑣碎筆記□此間出版之《國藝》，曾囑會中逕寄上，仍請正之，並時以璽印事實惠我為幸。文少於公十數年，但經此喪亂，衰朽不堪，

一旦病來，無力抵抗，一臥浹辰，昨才下床如小兒學步，氣仍喘，不知何時方可復元，深自哀歎耳。病後不宣，此叩道安。弟守頓首。一月廿號。

賓虹老兄先生侍史：承賜茶壽詩畫，榮幸罔極。去年惠我便面，早驚我公比來已變新安之舊，能用墨縠介丘而上溯巨然、仲圭，洵老到之境。竊以為公近作竟可媲滇高僧擔當也。前寄敖菴擔公山水三頁，曾請轉求一跋者，未識至竟過目否？倘欲得，可代索之。茶邨詩風格雖不高，但其為人則甚高，守何敢望邪！承獎借，益為惶汗惶汗。釋白陽之為人，已去函代問山髯今住興化竹泓鎮鄭係長家中，容遜答足下，足下寓處亦寫示柳公也。白陽詩寫示一二如何？此地春寒惱人，幸我狼頭炭能一室為春耳。此叩道安。弟文手奏。庚辰二月十九日。

附　黃賓虹答蔡守二箚

哲夫先生鑒：前月曾上寸緘，由黃埔校轉，未蒙示及，諒已浮湛。頃得手書並惠夫人墨寶，秀勁多古意，欽佩欽佩。居素今年奔走南北，極形忙碌，前月因其家眷有肺病，同往廬山養靜，至今未返滬。晤時當代述尊意，能否照辦，無把握耳。以渠性質上文藝外，不甚聽從，即弟薦一二社夥，不久為之遣去，政治上尤覺無效。友人黃懺華前在《時報》主筆，歷辦黨務，春間來滬，由弟介紹一晤。懺華亦研究佛學有得，同為粵人，近仍在黨部秘書，擬就委員會，略有援引，而居素已不欲為其聯絡，以政途固非居素所願，薦人近亦不易進辭。然粵地諒非寧比，容緩商之，再作復耳。弟自粵遊返申，居素邀與社內任編輯之役，每日遠近熟友坐談，自晨至暮，送迎不已。昔可避人，今無可避，勞勞終日，乏暇握管。各處緘素塵積，未由奢復，著述更無頭緒。晦翁久未通訊，興致鬱悶，由王秋湄處聆悉之。諸貞壯杭一寓，一炬全付巨劫，藏書等物計失八萬元。今馬夷初約入教部秘書，月金可四五百金，得不償失，可憐已。專復，此頌日綏。黃賓虹啟。

哲夫先生大鑒：頃誦手書，聆悉已晤居素，慰甚。國光社自接辦以來，僕僅與聞編輯部分，其他計畫，皆茫然罔覺。近今皆辦黨中人問事。一切排場，非書肆態度，極與化妝品、中山襪店無異悶葫蘆一個，從來不告我是非，此可為知己言之，切勿示人，令人厭我輩習氣也，反增意外，何如？舊友過市者，莫不詫為奇事。張諟齋來申見之，浩歎而去。僕每月祇受其五十元薪水，又居素另補我五十元車馬，終日編輯，與接見熟人，不如從前賣文字生活自由多矣。明年擬脫離去，專事作畫滬上，亦可得二三千金，足糊口矣。凡事非不欲說，頃深慮黨派參差，無所裨益。我輩生當斯世，正合徐俟齋、姜鶴澗一流，忍饑受寒，不見顯達人，

最為樂事，否當蜷伏湫隘囂市，寧與賈豎販夫不識字人安居，當無榮辱耳。夏曆年終，居素來申否？晤時可將尊賤之見同達也。專復，即候道綏。黃賓虹啟。現在敝寓寄居蜀友張君善孖家，渠亦鬻畫，每年可三五千金，法界西門路西成里九十六號。

　　近聞兄倡閨秀藝舍，幾飽人老拳，亂世非但利不可貪，即名亦不可邀。老子云：「知希為貴。」此萬古之知道者也，兄盍熟讀之。虹又啓。

【注釋】

　　[1] 錄自王中秀主編《黃賓虹年譜長編》，榮寶齋出版社 2021 年出版。

致靳志兩箚 [1]（吳曉峰整理）

　　仲雲社長侍右：十一日撰書，室人承賜長歌，榮幸為之罔遠！與冒鶴亭同欣賞，亦為讚嘆不置。今奉上月色寫梅另掛號寄上，希正之！私諡議望題句並代轉南京社友並徵求閨媛署名參加刻石是幸每人約一元如何。惕山書祈飭遞交為禱，粵垣天氣不佳，連日悶絕。但今日鶴亭約余夫婦同訪楊孚宅，人間何世尚有訪古閒情，亦可笑煞人也。此叩吟安！期守頓首。丙子（1936）四月廿五日。

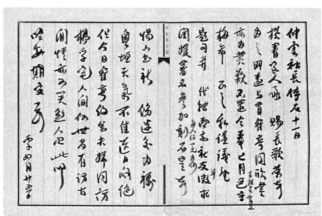

　　仲雲社督侍右：□午辱手畢並擲回毛線帽子，即檢無我贏像與魏唐兩碑脫都四軸，交奉上。像承陳公賜題，欣幸之至！魏碑為敔菴訪得，絕似兩爨，弟最喜之。《石淙詩序》為宋徽宗瘦金書之所出，月色嗜道君書，不得不觀所後來也。方藥雨謂月色學瘦金書「可挾當世女子學北碑之戾氣」，洵知言也！是脫紙邊當可題字，兩碑三軸並乞署贉為幸！越園得為補顏乃其與亮公有特異之交情也。此敬道安！弟文頓首。四月廿八夕。鈐「蔡哲夫」白文方印。

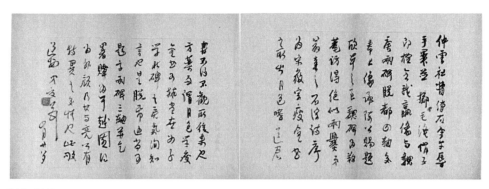

【注釋】

[1] 北京泰和嘉成拍賣有限公司 2010 秋季藝術品拍賣會。

致沙孟海一箚 [1]

　　孟海道兄侍右：九月廿四号罣号寄易均室篆聯一聯、冊一冊、冊四，並酧
枲均室來書語及明拓先塋記景本等，計可早到，未知已揮寄均室否？頃得陸丹
林書，云足下尚未為篆刻，囑代趣之，今將其來書奉覽。野崔兄南來，亦未得
晤言，殊以為歉。弟甲寅（1914）重遊薊門，以重值得清德宗恪順皇貴妃栴檀
香木兩印，今欲製紫檀匣藏弄，乞篆匣面並希速藻、早寄為幸。匆匆不儩，此
敏儷芾。弟文頓首，月色侍叩。廣州線香街榮華南卅五號蔡。中華民國十九年
（1930）十一月七日。鈐「庚午蔡守」白文方印。

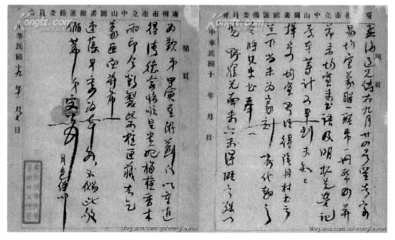

【注釋】

[1] 天津國際拍賣有限責任公司西洋美術館 2012 春季古籍善本、碑帖專場拍賣會
　　第 208 號拍品。該箚曾收入楊仁愷編《名人書信手跡》中。

致姚石子一箚 [1]（吳曉峰整理）

圖書館以重值購《黃復翁□ [2] 志略》，與月色匆匆分抄之。嗣得社友慈博藏日本刻本，略校一過。聞陳君亦有抄本及《越嶠》書承俞允為之重校，以冀成一完善之本，再精抄而藏之，茲特掛號寄上石子社督，乞代求陳君校之，早日仍掛號寄還，畀得秋涼，更精寫一本為幸。守頓首。癸酉（1933）七月。鈐「蔡哲夫」朱文長方印。

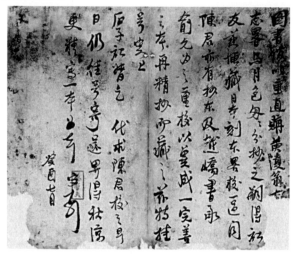

【注釋】

[1] 據 2015 年 6 月中國嘉德國際拍賣有限公司拍賣圖錄。

[2] □，原件殘缺。

致方樹梅八箚（吳曉峰整理）

朧仙道兄侍右：八月廿一號掛号寄趙澄父兄轉交愚夫婦合畫一幅計達。比聞貴省昭通發現梁堆為漢代古蹟，且有漢畫像與石刻不尠，均陳列於省立圖書館。務乞精拓全份惠我。切盼切盼！倘能將其全形攝影，尤為欣幸！因寧代表蔡元培、張繼二氏均弟卅餘年故交，此次南來，以南服古物無人主持，蔡特聘愚夫婦為中央研究院考古學系兩廣特派員簡任職，張聘愚夫婦為中央古物保存會兩廣分會正副主席亦簡任職，專主持南服古物並速刊行《考古學雜誌》與《藝彀》兩種，正需此梁堆古物映片拓本，萬望拂冗速寄，畀得刊入，至為盼切。政局□ [1] 一，愚夫婦即須北上一行。此兩雜誌萬不容遲刊也。想我兄愛古同嗜，亦必贊助，至幸至幸！匆匆草此，不盡一一。順承動定。弟守頓首。十月廿九日。澄甫兄一函即飭送為幸。

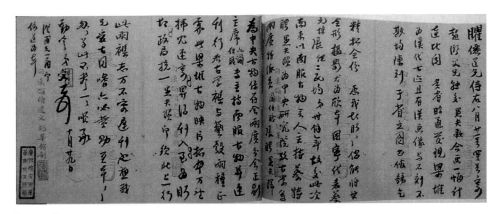

【注釋】

[1] 原文字模糊莫辨。

　　矔仙道兄侍右：六月廿四號掛號付上《梅林覓句圖》手卷一幅，此乃愚婦夫精心竭力之作，頗稱得意也。又小泉款梅花一幅，錢南園書《正氣歌》一冊，小公報六種又轉澄甫、弢父二書，計必可早到也。《大樹觀音像碑》拓舊本洵屬可貴，惜未詳其事略。因此無《永平縣志》也。大作之《滇南畫徵略》取大作專錄其畫人，作是名，已刊入《藝觳》初集，《昭通梁堆發掘記》亦付北平《藝林月刊》刊出，唯望再以好紙精脫墨寄我，畀製版刊入《藝觳》第二集是幸。另紙請問三事，乞詳示以快信寄我，幸勿稍延是叩！此請道安。弟文頓首。壬申六月朔即七月四号。鈐「蔡哲夫」朱文長方印。

　　矔仙社長侍右：頃辱來書並烤茶罐二事，普茶一匣，拜領，謝謝！月色寫梅，得藏名山，欣幸奚翅。擔師「趣冷人閒」拓本到時更為欣賞不置也。高步兵何時返權？承家兄代索擔當畫複印件，希取二冊，一以分貽賓虹也。近作數紙，吟定及分致弢父、澄甫二君為幸。前月國府命令友人劉成禺入滇，未知過

粵否？倘能同入滇一遊，至為欣幸。印公今年竟不返滇耶。國學會昆明有事務所否？匆匆。此叩道安！弟文頓首。十一月五號。鈐「蔡寒翁」白文長方印。

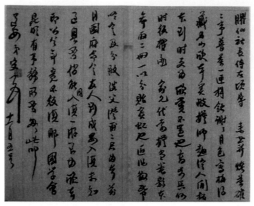

朧仙社兄左右：承香港手畢，知今天啟行北上，計可早抵姑蘇也。乞代致諸書、石印及諸公為月色寫詩扇，亦希一一早交，匋壺拓本尤冀諸公速藻題畢。更望君攜入宣南與周養庵、黃晦聞題之。印泉兄處南漢三造像與江蘇圖書館內黃子壽刻像，題曰「嫏嬛之尤」，希望拓得快郵寄下為盼！囑查化州各志，容日查得寫奉不誤。弟日間尤為棟桴，且心緒惡劣，傷哉！匆匆也。此叩旅安，文頓首。十二月初五日。鈐「蔡哲夫」朱文長方印。

附：晦公左右：久闕馨問，時以為念！方君朧仙留心鄉邦文獻，輯刊雲南叢書甚富。今更搜訪滇南文獻來宣南，敬為執事紹介，亮必樂接言笑也。並託攜上漢文卿匋壺全形拓本一軸，乞賜題，仍交方君攜返，至為榮幸！並望速藻，因並須交周君養庵刊入《藝林月刊》也。匆匆此叩道安！弟文頓首。鈐「蔡哲夫」朱文長方印。

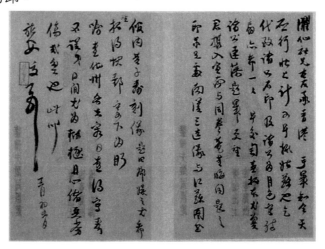

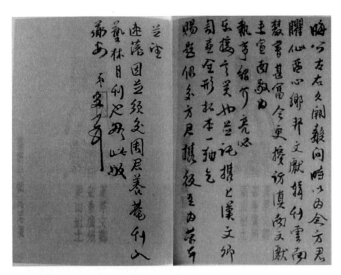

羅浮和林雲陔主席原韻：楚庭氣象照眸間，粵嶽峨峨百粵環。丘壑能專斯願足，涪湥乞得此腰彎。連吟傳誦神都王，短杖追陪腳未頑。潤色山川有功業，為圖詎肯遜荊關。林泉能令宦情微，至竟高懷識者稀。巖壑因人成勝蹟，英雄投老叩禪扉。月明林下梅花夢，電發峰頭石火煇是夕山中試電燈。聞道羅浮若夫婦，住山活計樂牛衣。寫似矓仙、弢父社長全吟定。弟文貢草。

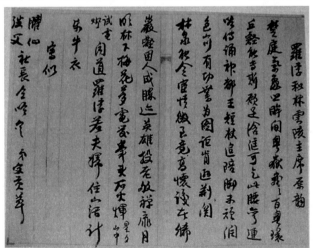

矓仙社長侍右：四月廿五號即閏三月初五日掛号寄上函並徵求諸君子題重刻《蓮香集》詩，計可早到也。定庵囑寫《聘園圖》如命寫上，又志舟主席屬題志楨女士像贊，今余夫婦亦為一贊並奉上，乞我兄鼎力與澄甫兄言之，務求主席有以惠我，是幸。定庵兄三月十八日與弢甫兄書謂早已託廣商送弟處潤筆卅元，迄今將兩月，尚未交，殊以為異，圖到想兄可再催問，且弟平生不輕為人

作此工細山水，仿李龍眠白描尤為罕有者，故求再加潤豪亦非貪也。前函請更惠寄《擔當畫冊》與《雞蘭山志》，尤望早日擲寄是幸。弢父兄已返劍川否？念念。此叩道安。企候德音！弟文頓首閏三月十四夕。五月四號。鈐「蔡哲夫」朱文方印。

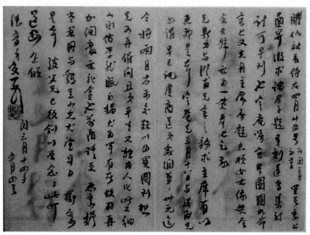

瞿仙社長侍右：五月初一日上一片，計可早到，索醬菜頭未獲，甚盼也！十三日又上一書並由君付下振昌一函，由君既肯補惠潤豪，不拘多少，請我兄代取，由銀行匯弟，以救急用，至為欣幸！今天另掛號寄上陳秋濤對拓《紅豆集》一冊，乞代訪求雲南所產紅豆為盼。弢父兄已返劍川否？王公惕山有書與詩來也。私諡張二喬，乞足下代徵求澄甫夫人列名參加並捐助為幸。此叩暑安！期文頓首。丙子（1936）五月廿二早。鈐「蔡哲夫」朱文方印。

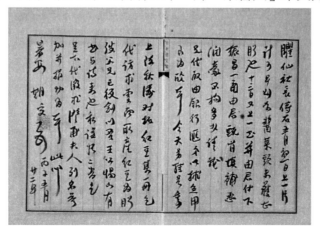

瞿仙老兄侍右：沉痾初起，忽辱八月二日詩翰，數載聲問久闕，一旦得此，真為之狂喜不已！今年六月三日為公六十大慶，自當與月色同畫梅花為壽。但

巨幅郵寄未便，其為手卷至佳。稍遲定必寄奉也。弟今年多病，尤以夏初與生日後兩次最危，人人皆以為必不能生矣。所幸有厚祿之故人不尠，聞弟病殆，莫不竭力饋贈，獲以醫理調攝，亦云天獨厚我也！今病雖愈，但氣血太虧，腸胃尤弱，即牛乳雞蛋亦嫌膩滯。每日只能食燕窩三錢，白鴿蛋四枚，藕粉少許。燕窩極貴，每兩十四元。日約須三四元，鴿蛋四枚二元，難民如此享用，寧勿太耗乎！唯恃故人佽助，尤不得不赧歟。弟今在此與雲南陳嘯湖時時往還，乃弟仲武則時在弟處小住。因病劇，月色一人無主，且弟病尤要人代為整理烟霞也，故時時談及雲南諸友，如惕山，迄今未嘗與弟通訊。雪生歸滇，亦從友人處聞之，亦未得其消息也。捧誦壽公諸什，如見故人也，並望我兄晤兩公時為弟道念，弟有高麗紙一幅，寄馬篤庵絜，請與昆明諸友為題我《寒月行窠圖》手卷並乞速藻，寒月行窠者，弟與月色入白門賃廡淮海路時之齋名，經丁丑事變，行窠已毀，圖書亦多散佚也，唯保此圖以為它日家乘。圖為賓虹所繢虹已七十六，今尚老客北平，陳石遺題耑者，都足垂不朽乎。今年開春上元後一日，弟流寓為杜茶村於皇茶丘故址，曾與都下詩人為茶壽會，得詩文亦不少，將彙刊為《茶壽編》，亦南京亂初定之一掌故歟！乞兄亦為詩記之是荷。氣血太虧，不儩一一。此叩道安。弟㚓病後近筆。庚辰八月廿八夕。鈐「蔡寒翁」白文方印。

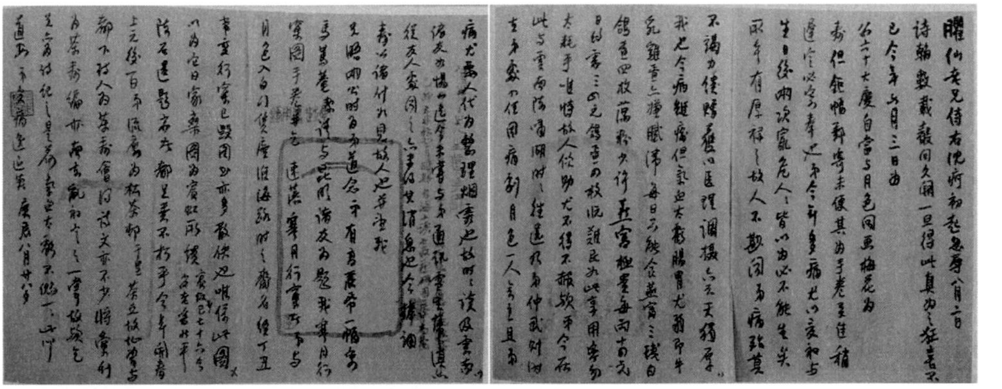

致陳子丹一箚 [1]（林鋭供稿）

子丹觀察大人閣下：初九日寄上一函外，並《國學保存會章程》《國粹學報館書目》共一束，諒達執事矣。久聞收藏名畫甚眾，尤望攝影下賜寄，以佽本社貲料，不勝幸幸！因風時便望貺佳音為造次不儩，順敬吟安。弟有守頓，清明前二日。鈐「哲夫成城」朱文方印。

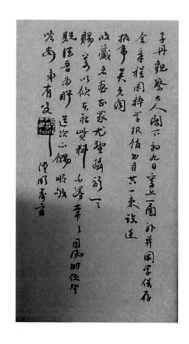

【注釋】

[1] 據陳子丹著《繡詩叢書十六種樓·世家尺素》錄出。

致鄒安一箚

　　景叔先生左右：入春未通聲問，殊以為念。弟晉省為稻粱謀，迄今亦未獲，只與英伯辦考古學會及古玉展覽會，頗為樂事耳。日前晤閩侯何敘公遂，借悉起居安吉，著述日茂為慰。何君與李濟深為同學故人，今即在其軍部中住。日間當為黃埔軍校校長。弟嘗與言，能請執事來粵談藝至樂。且戴季陶、邵元沖皆同鄉，想我公來必有安筆硯之處。尤望執事先入考古學會，將社書填寄社董等，何公必可代交也。何公並囑筆代趣執事，為其早日將各拓本編竣。得付印也。今附上考古學會章程等，尤望檢閱。古玉拓本二品，其巴比倫楔形文字璧尤為謝氏珍愛之品也，詳示至盼。匆匆不偁。祗叩道安。弟文頓首。戊辰三月十九日。賜函請寄廣州線香街騰茂南十二號。

致鄒安五箚 [1]（林銳供稿）

　　景叔先生足下：賓虹書來，謂先生屬購南越冢木題字拓本，計於月之五日，已將全分寄賓虹轉致。是木於去年出土時，走適舉家避亂赤柱山中。及冬，適故廬，而木散歸各處，走僅得甫九一片。忻喜罔極，即自榜其室曰「西京片木堂」，以為海內木刻無有古於此者。計僅存十四木，而出土未久，今已層層剝

脫，故藏家均不願再拓墨本，全分殊不易得。日來四方求代購者實煩，苦無以應之，佗城中有縣一字一金欲圖全挩而不可獲者。日前寄似冢木全拓，望以齊侯罍拓本為報。茲又付上長方素楮一張，希題跋，俾同石印，不勝厚幸。帥企不愒，祇叩道安，翹佇德音之至。丁巳四月九日，弟蔡守頓首上。

上海靜安寺路哈同花園內《廣倉學宭》鄒景叔先生：昨上□並補寄冢木甫十五拓本一紙，又《寒戍金石屑》一冊，計已可達。望詳復為幸。女弟子琅姑《集定庵句題冢木拓本》一首，佳絕。附錄，呈請印冢木題字坿刊於後，幸甚幸甚！此頌日利大吉。弟守頓首上。

附：寒瓊先生手拓南越冢木題字，把似固集羽琤山民龔爾玉句報之：「非金非石非諜諡，西京氣體誰比鄰。翠墨未乾仙字蝕冢木出土未久已多剝脫，臨風遞與縞衣人。」丁巳三月晦日，營山女史張光蕙琅姑倚裝記。

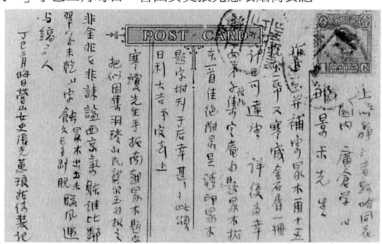

上海靜安寺路哈同花園內《廣倉學宭》鄒景叔先生：日昨掛號寄上諸掾刻石拓本郵遞府上，計必能達。頃得前月廿六日手教，拜悉姬君允將南越冢器印為增刊，並以弟拓木刻十四紙為冠，忻幸奚似！但揀選各影片，亦務求精選，寧少勿濫，方不為識者所哂。冢物雖無據，但求其器製作，確為西漢者，是幸。諸掾造像拓本承示刊入第十期，惠贈一冊，忻幸之至。擬集古塼專精品者，洵盛事。《玉海》一冊，尤為殷盼。弟耆玉，所存亦不尠，獨有字，龍節亦疑為唐雁作耳。惟六朝一符，則可靠也。又李茗權有一玉環，亦有文字，似贋品也。今存泰山石刻十字，弟亦非宋刻耳。匋齋十二字專，昔年劉申叔曾贈拓本，固佳絕。樸人□□□仁德里五百七十七□□飾。甫九全形拓本，賜題為幸。《藝術》九期已出版否？此覆。即請暑安！弟文上。七月初二日早。

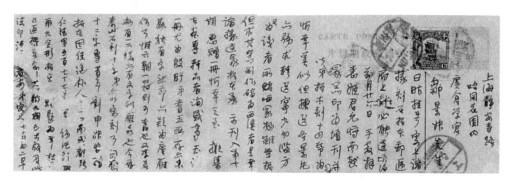

允賜《藝術》第三、四、七、八冊，感繫之至，尤望早日付郵為幸。第九集何時可出版？亦希先示知……弟守再拜。六月七日。

南越「宜子益孫」殘甓亦廣州東山出土，子作「□」，異文也，景叔先生審定。丁巳十月十日，守記。

【注釋】

［1］據孟姚《鄒安與蔡守的金石交遊考》，載 2022《博碩士學術研究論壇》。

致陳中凡三箚 [1]（林銳供稿）

花朝月色在廚中焙魚，有人來督催書聯，書成而魚已枯不能食。口占一首：「長安索米瘦金書，速返何堪急急如，放下焙魚來拾管，書成已歎食無魚。」斠玄道兄一哂！弟守頓首。丁丑花朝。鈐「蔡守」楷書朱文方印。

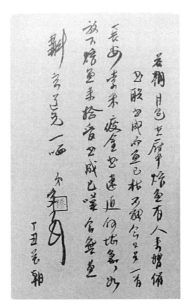

　　購贈匋甓，足供紅梅，可為欣賞。拜謝，拜謝。月色寫似志英夫人梅花尺
福，匪敢云報也。並希拾齊魯封泥有尚界令官否？為盼。完白書日間跋之，今
天與友作燕子磯之遊，未及拾筆耳。斠玄道兄左右。弟守頓首。丁丑二月五日。
志英夫人前，月色叩名請安！鈐「蔡守」楷書朱文方印。

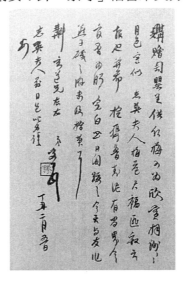

　　斠玄道兄侍右：委作冊頁一集，如命寫奉，希正之。請代檢「尚界令」為
何地何時之官，乞詳示為盼。又金松岑天翮提《安徽通志》《列傳》抽印本有鄧完
白傳甚詳，亦祈假觀，以便題尊藏完白之書幅，如何？月色慫為紅梅以贈尊夫
人，乞示尊夫人名號為幸。承允以古磚為贈，因賃廡不欲多笨重之物，但日前

見足下以四百錢買來之匋罍，極宜供梅，可否惠我，並滕以詩，如何？匆匆不
傷，祇敏儷華！弟守頓首。月色全叩。三月十四日。

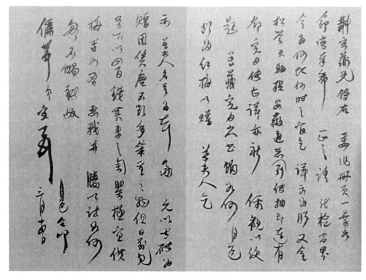

【注釋】

　[1] 據《清暉山館友聲集》，江蘇古籍出版社 2000 年版錄出。

致葉恭綽六箚 [1]（林銳供稿）

　　遐庵道丈侍右：《藝觳》奉上，希教之，並賜書耑二字，約寸許可也。能
以大作關於掌故、書畫、目錄等為佳。昪光篇幅尤為忻幸。祇敏暑安。不一一。弟
文頓。廿一、七、廿四。

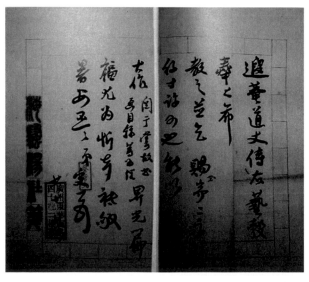

附：子師尊鑒：風度教示，並附來葉玉甫先生函，敬悉委屈。文達公厚德流光，誠如來誨，生當秉承君意，於秋間校務會議開會時提出，共籌辦法。俟決定後當再報聞奉覆。敬祝康吉。受業蔣□□上。七月廿日。

文拜啟，東華西路文明里舊門牌四十號二樓。

遐庵先生贄御，八月五日寄傳轀轉交之函，因傳轀匝月未到黃花崗，故延至昨才交來。承賜書《藝彀》二字，則至今竟未交，亦疊函奇峰，且置而弗答。奈何！以後惟望我公逕寄弟處，寧代分遞。數數不敢，如曾高高子也。承賜梁王墓上石獸與劉宋造像複印件，均精湛無匹。弟為荷花生日生，倘能得墨脫尤為欣乎！真不皺百朋之賜也。否則亦希詳示尺寸為盼。英伯囑筆欲定購宋磧砂藏經一部，未審公能與商稍為折閱否？其經崗佛像至精，能以景件畫寄一二否？均希裁示。盼甚盼甚。月色病劇才瘥，心緒棼如。此叩道安。文頓。九月十二日。

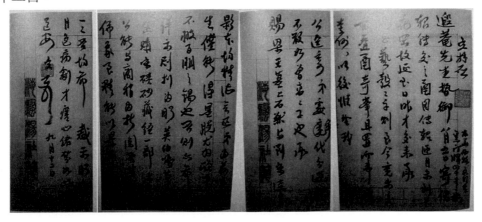

漢袁安碑比年出土，墨脫殊貴。月色鬻畫梅得萬錢。購精拓本一紙，亦墨林韻事也。寄上橫幅，乞遁庵先生題句為幸。弟文。廿一、十、一。

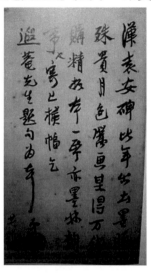

東華西路文明里舊門牌四十號。

遁庵先生道兄侍右：月之三日掛號寄上函件，據收條知九日登記室矣。迄今判月未承賜書，所乞各件務希拂冗一揮，為盼。弟藏李祈年稔，女弟子吳妙明寫像，少時十五歲所摹，獨漉子《聽劍圖》原本已毀於水，又室人張傾城摹張二喬《抱琴圖》賴淑寫本，月色近摹《張二喬焚香調琴圖》黎光畫，見乾隆重刻本四像，未識尊處繼印名賢像須用否？當可奉假影印。張二喬二象均可命月色為摹兩幀寄奉並欲乞題詞也，如鄴架未有《蓮香集》，亦可與抄本同寄上。孫夢生兄處請鼎力催其將款送蔡子民宗兄匯寄是幸。畀《藝觳》二集蚤天可出版。想賢者亦樂為佽助也。匆匆不儩，祇叩勳安。企候德音。弟文頓。廿一、十、廿三。

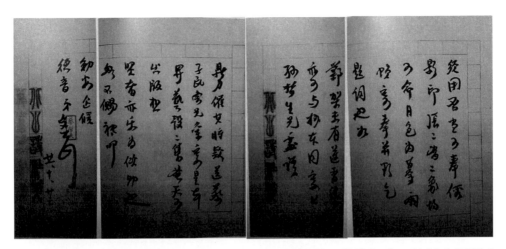

遯庵道兄祭酒：日前雙掛號寄上一函並墨脫等，計登記室，請轉交孫哲生兄書亮已飭交去矣。南社社友姚君石子媚古耆學，藏書甚富，刻書亦不尠。茲特為紹介寄奉數種，希督是幸。楹聯一副，乞拂冗一揮，逕寄松江張堰可也。此叩道安。弟文頓。廿一、十一、三。英伯屬筆，屢承損書，未裁答為罪。前書亦請商購宋全藏折閱事，未甞能許可否？文欲得其經岩佛像景本兩者，均希裁敇。文又拜，叩頭叩頭。

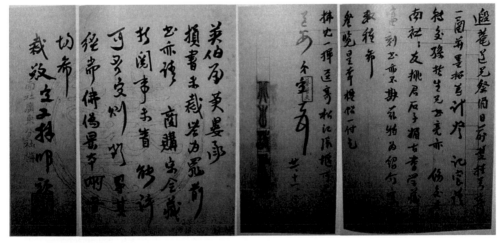

廣州蔡文拜啟：

遯庵先生贄御：十二日曾囑金城銀行馳一書，計塵記室。承書《藝轂》書岩，傾才繇傳輅交來。雖不為毀洪喬之沉，顧以稽延寔甚。前書乞劉宋造像墨脫可得手，近作一闋附，希拍正，已十年不彈此調矣，倘為同作，尤為榮幸。□□

茶瓶兒用趙炎端體　定海方氏藏唐畫像磚。有麗人烹茶者，藥雨疑為暖酒。

顧嘗見古圖刻溫酒之瓶，無鏊無流無蓋，因溫酒不須沸也。按此磚刻，爐藏行省中，瓶有大鏊長流高蓋，麗人持火筴撥炭候湯。因烹茶須活火。活火為炭火之有焰者，故須持筴撥之，故知其為烹茶而非溫酒也。

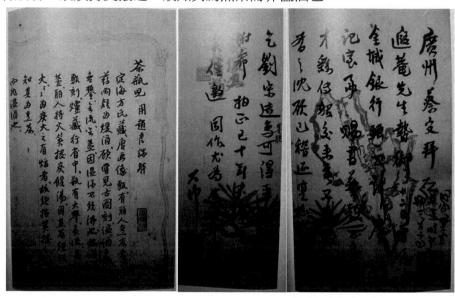

【注釋】

［1］ 據上海辭書出版社 2022 年出版《上海圖書館藏葉恭綽友朋尺牘》錄出。

致蘇曼殊一箋 [1]（蔡宗周提供）

曼殊足下：前月念日，得五月二日書，及與晦聞，天梅之簡。遽答一書，並素絹一張，求為室人繪《漢鏡臺圖》；又姚鳳石《浮梅草》一卷，《漢六花鑒賞》及近作都十有八章。與晦聞、天梅二簡，亦即寄去。日間疊奉四月二十七日書並繡件，五月十七日並新詩；又與天梅、亞子一楗，即寄去，並囑天梅覽章，寄予亞子也。驚悉道體違和，意患咯血，繫念特甚；但厥疾必靜養，及戒食乾燥之物，切勿焦灼，自可就瘥。遙思故人，了身絕域，落魄抱恙，斯況何堪？晦聞緣明明夫人懷孕已九月，故未能遽來，俟分娩後，當可啟行。足下畫冊，周氏尚未印就，今以周子來書，附上青覽。南洋卑濕溽暑，與道體不宜，請俟病稍瘥，蚤圖歸國是盼。劉三三星期前已歸里門。日昨凌晨，坐小車往訪，經華龍鎮、陳家橋、徐家匯，約三由旬，始抵華涇。時已傍午，又不值劉三仉儷，只見其父，遂留飯而歸。到家已三時，困頓不堪。但是日薰風猶涼，沿途眾緣照眼，野香撲鼻，紅蟒琪登樹而走，黃蛤蟆據草以灌；更有古塚蟠蛇，長

可數尺。如斯景物，都平日甚少者，亦可賞此苦耳。是日下午四時，劉三與其夫人過我，示所得商觶、漢鑒共欣賞，暢談始去，尤為快意。佩忍暑假後到亞子處少住遂返家，不過滬上，未由把晤。且聞《南社叢刻》第一集已出版。顧未寄來，而彼已歸，莫如知何也。潘蘭史自去歲入都，迄今一事無成，返淖滬嶺，正以謀一枝棲，詎料遽喪慈母，又死愛子，聞耗之日，即欲歸去，奈行筐不名一錢，安能即發，嗣得鄭氏之助，始能買舟。以一老名士，詞賦動江者，而落拓天涯，又遭家難，狼狽至此，可不悲乎？晦聞嘗云：「頌人莫毒於視人為詩人、名士，其命必窮也！」今觀蘭史，益信其言還謬。顧我與君，皆不以難除，其不足為故人道！且燕兒患瀉三月有餘，醫藥罔效，尤亂我心。久欲賦詩寄君，至今未成，坐是之故。如君雖貧且困。猶一身無掛，似勝我萬千也，暑窗不寐，細縷以陳，有幹清聽，死罪死罪。敬問無恙！蔡守頓首。

據王長元著《蘇曼殊全傳》，長春出版社 1996 年版

附　蘇曼殊致黃晦聞、蔡哲夫一箚

晦、哲兩居士蓮座：別後駐香江二日，即啟舷北上。細雨愁煙，侵人病骨，不圖蹭蹬至於斯極！兩居士身心亦無患耶？寒食節到滬，杏花春雨，滴瀝增悲。獨坐吳姬酒肆，念諸故人鶯飄風泊，炙酒壓寒，又欲歇不置耳！明晨入鄧尉。《蒹葭第二圖》當於白雲深處為吾居士下筆耳。破夏臨存，為山僧說消魂偈，居士願耶，否耶？不慧曼殊頓首頓首　有信乞寄：上海望平街《太平洋報》柳亞盧轉交三郎。

《中國現代文學名家經典文庫》錄出

附　時人致蔡守箚 [1]

程潛 [1] 一箚

哲夫先生惠鑒：大緘奉悉，昔在印涼處晤面，未嘗忘懷。況大名高於五嶺，自非聾者，豈曰無聞。惟限於奔走，不獲再一會談耳。承月色先生運其靈腕，惠繪墨梅並篆刻青田見贈，淡雅其逸。管夫人僅以畫傳，未聞其能刻也，尊儷方之趙管，似已過之，非貢諛也。公務已畢，擬即返京，儷車入都，若能下顧，尤所歡迎！手此敬叩　儷安不宣　程潛白　九月二十日。」鈐「程潛之鉨」白文有格方印。

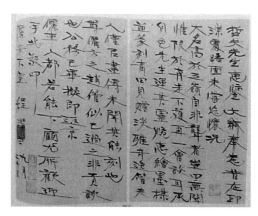

黃賓虹 [1] 一箚

哲夫先生鑒：昨誦手書，聆悉。去夏張諟齋君索聯，已由敝處寄去。茲附拙題李橘叟畫並尊藏金剛經冊，希撿收。篆聯界成者未完工，容續上。此候著綏。黃期賓虹頓。徵詩□轉懇為感

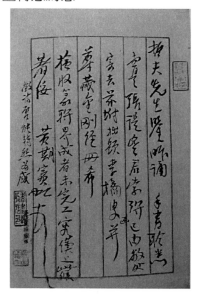

饒宗頤 [1] 二箚

哲夫先生史席：上月曾布一箋，寄往金陵，未知已達否？比得嵩園丈書知臺旌徙駐當塗。宇內繹騷憂端日至稅鞅，避氛實為賢者。東山在望，眷慕何如。晚自羊石歸後，適遭空擾，亦復顛沛山村。遁匿林谷，秋風慘慄，群動潛息。辱椷多凋，曷慰遠懷。江左山蒼，時入我夢，惡谿水綠，丈亦有意夢我乎！裁書敘心，竚候清教，惟徵鑒不宣　晚饒宗頤頓首。鈐白文方印。

哲夫先生閣下：久未啟候，遙惟旅次康豫為頌。劇虜來侵，創痍徧地，閣下處首都，不諗稅駕何所。頤日者還鄉，亦數遇警。惡溪僻在南裔，烽燧仍及。真宇內無乾淨土，奈何！邇日有何佳制？兵火中能事吟哦，亦是一快。前書未承賜答，心實懸懸。輒馳問左右，惟不吝嗣教。此頌儷安。晚宗頤拜啟　九月十六日。　賜書請寄潮州西巷榮成油行

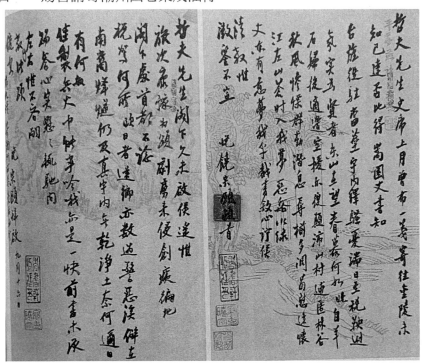

【注釋】

[1] 饒宗頤（1917～2018），字伯濂、伯子，號選堂，又號固庵，廣東潮州人。著名國學大師，香港中文大學、南京大學等學校名譽教授，西泠印社社長。精通梵文、經史、考古、宗教、哲學、藝術、文獻以及近東文科等多個學科，是享譽海內外的學界泰斗和書畫大師。

徐珂 [1] 一箚

東坡生日，北山樓有鶴南飛向惠州　一醉從他澆壘塊，卅年獨自夢羅浮光緒壬辰、己亥兩至粵，以未遊羅浮為恨。畫中笠屐留春在，劫後江山滿目愁。富貴而今「而今」擬改「曾來」之代約，以示成短景，如公名德乃千秋。哲夫先生以甲子壽蘇雅集，屬作一詩，題成奉政。杭縣徐珂仲可初稿。鈐「徐珂字仲可」朱文方印，「省立齊真如室詩純飛館詞」朱文方印。

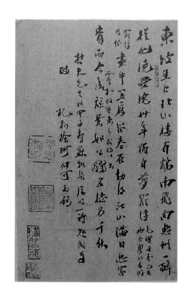

【注釋】

[1] 徐珂，詳見《附錄　蔡守與時人交遊考》。

高旭 [1] 一箚

　　東坡生日作　　呼龍叱鳳一開筵，頓觸平生欲放顛。大好鬚眉關氣運，幾多忠愛托詩篇。憐儂頻歷銅駝劫，舉世誰知玉局僊。安得朝雲遣遲暮，新聲譜入十三弦。　　春動梅梢逸興遒，何妨說鬼擅風流。聯吟記取家庭樂，投老拼從嶺海遊。酒可開懷須令節，文能放膽便千秋。隨人且為髯蘇壽，不識今賢侶古不。　　索詩奉呈兩什，餘再續上。弟病一月，現略愈。彼都故人祈道相念也。此叩喆夫老友大安。弟高旭頓首。鈐「高天梅」朱文方印。全人壽蘇之作。乞即寫示。

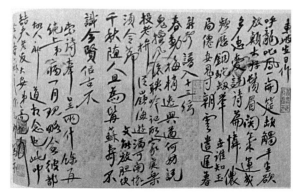

【注釋】

[1] 高旭，詳見《附錄　蔡守與時人交遊考》。

高吹萬 [1] 三箚

是誰亙古長，此老千秋不死魂。到處西湖能了事東坡連守潁、杭，二州皆有湖。秦觀有詩云：「十里薰風菡茜初，我公所至有西湖。卻將公事湖中了，見說官閒事也無。」[1]。每懷黃葉得歸村東坡詩有：「扁舟一棹歸何處，家在江南黃葉村」之句。風扶細柳妹傾座東坡嘗與蘇小妹及黃山谷論詩，妹云：「『輕風細柳，淡月梅花』中，要加一字作腰，成五言聯句。」坡云：「輕風搖細柳，淡月隱梅花。」妹云：「佳矣，猶未也」。黃云：「輕風舞細柳，淡月隱梅花。」妹云：「佳矣，猶未也。」坡云：「然則妹將何說。」妹云：「輕風扶細柳，淡月夫梅花。」二人為之撫掌傾倒，雨洗凡夫弟側盆側盆翻雨洗凡夫，潁濱句也 [2]。浩蕩神遊滿天地，十峰軒內可留痕。庚申十二月十九日南社同人集廣州圖書館之十峰軒作壽蘇會。石禪老人有詩征和，次韻報之。即誦　寒瓊先生吟政。吹萬 [3] 居士未定草　辛酉三月寫寄。

是誰亙古長生日，此老千秋不死魂　到處西湖能了事東坡連守潁、杭二州，皆有西湖。秦觀有詩云：「十里薰風菡萏初，我公所至有西湖。卻將公事湖中了，見說官閒事也無。」每懷黃葉得歸村東坡詩有：「扁舟一棹歸何處，家在江南黃葉村」之句。風扶細柳妹傾座東坡嘗與蘇小妹及黃山谷論詩，妹云：「『輕風細柳，淡月梅花』中，要加一字作腰，成五言聯句。」坡云：「輕風搖細柳，淡月應梅花。」妹云：「佳矣，未也。」黃云：「輕風舞細柳，淡月隱梅花。」妹云：「佳矣，猶未也。」坡云：「然則妹將何說。」妹云：「輕風扶細柳，淡月共梅花。」二人為之撫掌傾倒，雨洗凡夫弟側盆側盆翻雨洗凡夫，潁濱句也。浩蕩神遊滿天地，十峰軒內可留痕。庚申十二月十九日南社同人集廣州圖書館之十峰軒作壽蘇會。石禪老人有詩征和次韻報之。即請寒瓊先生吟政。吹萬居士未定草辛酉三月寫寄。

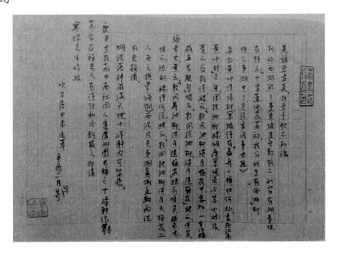

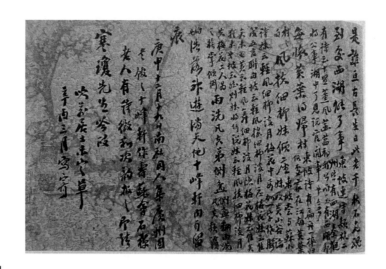

【注釋】

　[1] 秦觀詩應為「十里荷花菡萏初，我公所至有西湖。欲將公事湖中了，見說官閒事亦無。」

　[2] 穎濱，即蘇轍。詳見《附錄　蔡守與古人交流考》。

　[3] 吹萬，即高燮，詳見《附錄　蔡守與時人遊考》。

黃佛頤 [1] 一箋

　　坡老飛升八百載，峨眉一氣自魂天。鶴聲已遠江東月，鴻印猶留嶺外村。生日恰開椰酒甕，寒泉同薦菊花盆。杜罍笑數消寒會，卅載壺觴認酒痕家君壽蘇於杜齋垂四十年，以為常。

　　十峰軒對南濠碧，酹酒來招遷客魂。當證因緣香火地，恍吟晻曖水雲村見《斜川集》大人生日詩。雨中笠屐偏宜畫，天上酥酏好進盆。兩地同時孤雅約，山當新掃舊苔痕余未赴會，時汪憬吾、伍叔葆兩先生約往粵秀山學海當同祝，亦未赴。

　　海外文章懸日月，吐珠曾幻赤虯魂。宅尋方士溯蒲澗，襦解仙人來荔村。共爇瓣香供圖象，還斟蜜酒滿瓶盆。山堂賞雪星同聚，天際烏雲是墨痕。

　　未到立春前八日，東風先為返梅魂。少留仙老凌雲馭，足遣長愁掛月村。資福寺誰珍玉帶，仇池石已渺銅盆。新詩應續壽蘇集，來作南雲紫翠痕李子虎廣文有《壽蘇集》。　壽蘇社集，拙作呈寒瓊學長教定。弟佛頤初稿

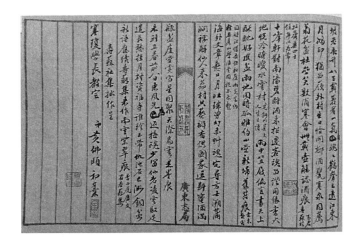

【注釋】

[1] 黃佛頤，詳見《附錄　蔡守與時人交遊考》。

[2] 《斜川集》10卷，宋蘇過撰。蘇過（1072～1123），字叔黨，號斜川居士，眉
州眉山人。蘇軾第三子，時稱為小東坡。宋哲宗元祐六年（1091），曾應禮部
試，未第。紹聖元年（1094），軾謫惠州，四年，復謫儋州，皆隨行。元符三
年（1100），隨父北歸。原集已佚，今本輯自《永樂大典》6卷，附錄2卷及
清吳長元撰訂誤1卷。有《知不足齋叢書》本。

姚光 [1] 六箚

陰曆七月十一日片，八月十日函，並各件均敬領悉，前寄精製特刊與《詩
古韻略》，近亦收到。初因碌碌，繼以抱病，遂稽作覆是歉。秘畫三幀，不勝
珍視，囑為題句，甚樂走筆。兄謂吾人無此奇賞，安可耗其奇氣耶！誠然，誠
然。惟此等總屬審美畫，今作比丘尼象莊嚴，未免令人不敢平視。若更寫如雲
之髮，則益增美感矣。弟頗欲求月色夫人作一梅花或什錦小冊，作就後即煩在
南中裱背，並裝潔滑底蓋，及制雅豔衣套，全部以嬌小玲瓏為妙，俾為篋衍之
珍。如蒙俯允，當有以奉報耳。秦山老屋一印，已交舍親，潤筆五金，即托吹
萬先生匯上。「中國學會」入會書已轉去，會中印刷品屬其直接郵上。晦聞先
生抵北平後，曾通訊否？弟今在舍，自後惠書望徑遞張堰鎮上可也。月色夫人
萬福。承惠玉照，敬已拜登。粲君附叩。九月三十日（錄自《姚光集》）

哲夫老兄足下：前上一書，後旋即疊奉八月廿六，廿八，三十日函片，拜
領之餘，感荷不盡。大作《詠史》回環雒誦，天作詠史回環，雒誦不勝慨然。
往在光復之前，吾輩喜考索明末清初掌故，豈意今竟一一目擊而身丁之也。敝

鄉仍極混沌，致欲歸不得。歸亦必滿眼滄桑，殊無好懷。然在滬則跼蹐一隅，既難幽靜，更少林泉，鮮有興趣。且資源斷絕，生財無道，來日茫茫，徒用殷憂。所幸家人團聚，未嘗奔波離別之苦，差堪自慰耳。弟悼亡之三年，曾納一妾朱氏，字以靜婉，聊侍巾櫛。後因家事乏人照料，竝行續娶徐氏，字曰穎柔。膝下近有男女共五人，惟長女已出嫁，二男一女尚在中小學讀書，皆元配之子。幼女方在繈褓，則繼室所出也，備承垂注，爰以奉聞。吹萬先生亦在滬上，其藏弄並遭損失。惟弟所藏書籍，存者尚多。金石字畫則殘失幾盡，而吹萬先生反是。然吹萬先生所藏金石字畫，實不若弟處之富而精也。大約敝藏係被外人劫去及破壞，而吹萬先生處則國人自盜耳。平湖葛詠義亦在滬，葛氏藏書為浙西世家。其書畫亦有著錄刻出，今皆盡付劫火矣。亞子在滬亂後，僅與陶遺往訪一次，彼則深居不出也。林立山不知何往，姜可生則住武定路大康里八號。賓虹在平，頗擬通問，兄如去書，望先代候。其《考古叢刊》未見也，近兄處有消息否？兄需《變雅堂集》，南京書攤上諒可遇之。至商務出版之《金文續編》《古籀彙編》，俟購就後當並弟等近印之《丁丑戊寅兩叢編》托抱元寄贈也。模印一事，容弟清理後再告。臨穎不盡，祇頌道安。弟姚光頓首　九月九日

　　哲夫老兄足下：月之十六、廿四兩書均經領，悉《中國藝術家徵略》已購得，托中國書店交郵掛號寄上快價四元，即以為贈。度早督收，未蒙示及是念。丹徒楊氏刻本《吳陋軒詩》如遇即以再寄。所欲修改之章，以另未獲佳石，故均未送至黃君處也。此次兵燹，弟失去金石藏書，印尚倖存數枚，故祇擬刻「劫後所得」一方，其餘則一時不耐省記耳。《國藝》乞即賜閱第三期如未出者，望將第一二期先寄。此外有何刊物並盼讀也。可生兄在滬曾數謀面，如到寧希致候，餘不一一。敬頌儷安。弟光頓首　正月三十日

　　哲夫老兄大鑒：去秋兵燹以來，深以儷從為念。然沿江西上甚便，將謂由寧而漢，由漢返粵矣。及在滬上，聞從者仍羈寧垣，殊覺訝異。惟知興居無恙，則差慰耳。比於友人處，轉輾奉到九月一日手書，籍悉一切。所示七月十九日尚有一片，則未見。弟並不與吳醫生同住，寄信或遭失落擱置也。弟於去歲重陽節邊，以事至滬時，滬戰雖酣，而黃浦以南極形安靖，故毫不作避難之計。原擬事後即歸，不意變端突作，敝鎮正當其衝，舍間屋宇雖稱倖存，而室內衣服器具蕩然。最痛心者則所藏字畫金石盡以毀失，書籍狼藉不堪。而流亡在外，雖欲掇拾叢殘而未得也。今棲遲滬上，行將一年，資源告絕，來日茫茫，誠不

知所以為計矣。此一年中,亞子等諸老友雖同處滬上,殊鮮謀面。每月有聚餐,乃國學會也。弟不常到,到者熟人亦少,劉三之逝,事後始知。東史神交有素,而延未走候,近聞已離滬矣。其意興之蕭索可想。諸承垂注,心感不盡,而艱難之狀彼此同之。所商之處不易為力。弟可能相助者,祗二三十金,度無濟於事也。先此布複,言弗達意,惟照不宣,祗頌儷安　弟姚光頓　九月十三。榮古,抱元弟未識其人,今以探兄住址特到往訪。

　　在滬未及謀面,今不知已往何處。弟刻遷寓巨籟達路景華屯四十號。兄近狀如何?滬寧郵遞包裹受拘束否?擬寄贈書籍數種乞印賜吾數行以慰拳拳。先行布達,容再詳談,手此只候興居　　弟姚光頓　月色夫人萬福　八月廿一農曆七夕

　　哲夫老兄足下:一月十七、二月十一兩書均徑經領。悉常思作複未果,非懶怠也,意興之闌珊也。所屬覓購吳野人《陋軒詩集》,滬肆一時無有,有即購以奉贈。近來滬上坊肆,舊籍少而且貴。聞寧蘇各地,劫後散出流轉甚多,足下何不以其暇日流覽,或有意外之遇也。《室名索隱》已無存本,西泠之空白印譜,容往購取寄上。又印石亦當覓購數枚,惟郵局寄件頗覺麻煩,不知滬地有貴友可代理否?《中國藝術家傳略》一書,未詳何處出版,弟欲得嶺南大學出版之《古今人物別名索引》,此書係廿六年份印行,滬肆尚未經售。足下能托貴同鄉羅致否?北京所出之《中國文藝》未見,當逕托宣南友人購之。南京所出之《國藝》,尚望於創刊號起,源源惠吾也。弟劫後曾由友治一印,殊嫌粗獷而不欲毀去重刻,似尚可修改,茲印如別紙,足下肯為斧正之否?屢承賢伉儷雅意,欲為閨人治印,甚感。敢求鐫賜二方,一曰姚徐穎柔朱文方形一曰靜婉女史朱文方形或長方形,石不必大也。欲言不盡,祗頌儷祉　弟姚光頓,三月十二日

　　哲夫老兄大鑒:避地頻年,煩悶欲絕。緬誰故人,云何不念憶。去年得九月廿二日惠復,後托乃幹兄將意,旋又奉十二月十一日手書,意興蕭索,粟碌間之,迄今遂未作答。心滋歉然。弟所藏書籍殘失頗多,金石字畫則更掃蕩幾盡。其自用印章大都係我兄暨爾雅兄等手治,今幸印譜尚存,未知能設法摸刻否?東史兄在滬未及謀面,今不知已往何處。弟刻遷寓巨籟達路景華邨四十號。兄近狀如何?滬寧郵遞包裹受拘束否擬寄贈書籍數種?乞即賜吾數行以慰拳拳。先行布達,容再詳談,手此祗候興居　　弟姚光頓首　月色夫人萬福　八月廿

一陰曆七夕

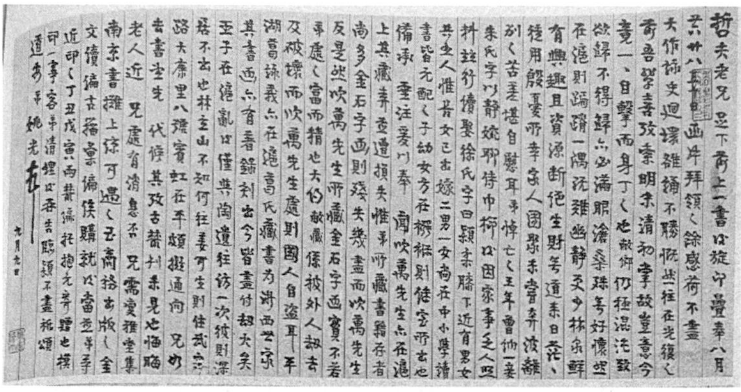

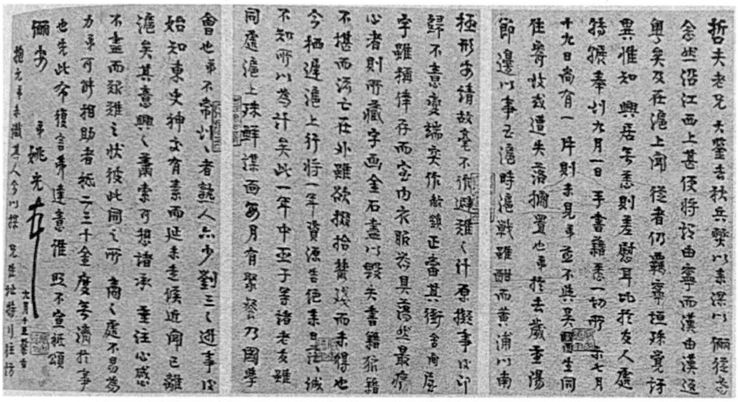

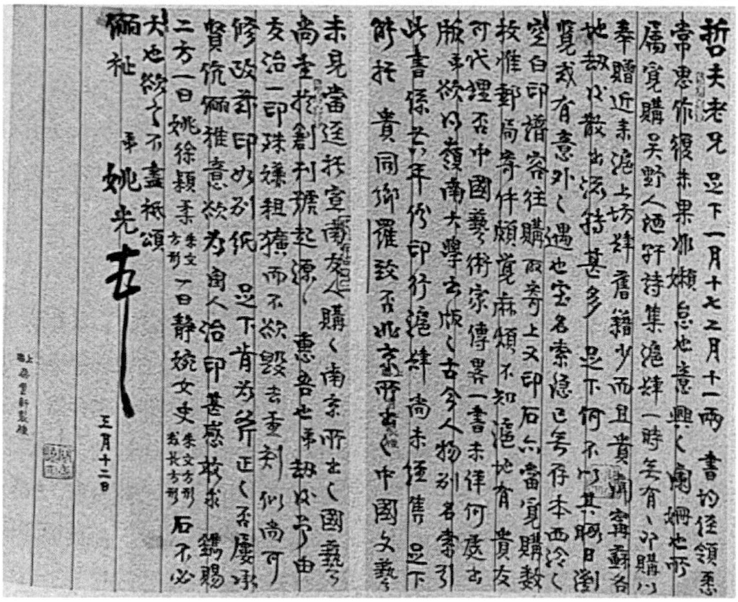

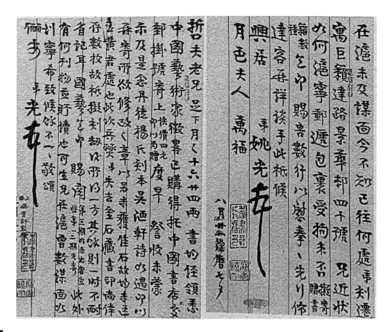

【注釋】

[1] 姚光，即姚石子詳見《附錄　蔡守與時人交遊考》。

陳嘯湖 [1] 五箋

寒瓊周甲賦贈　　潮打空城日，手披緝柳編。六月二十四，佳節記觀蓮。蔡夫子誕降焉，與花不後亦不先。歲星己卯葉田田，甲子忽周非疑年。孫曾應拜北堂前，賓客須介覘舩邊。何為劍履猶播遷，艱難苦恨仗頭錢。嗟予貌似惺惺憐，呼酒過君同醉眠。出門一望甲滿天，射不獲雉兔肩。釣不到縮項鯿，鹽豉蓴菜久絕緣。江鯽更無柳絲穿，後湖空臥藕如船。磨的為散涎芳鮮。蔡夫子，入玳筵，腰強腳健，猜酒奉句聯，石鼎柏梁篇。莫問嶺南與東川，儷影況有蕚綠仙。月下梅花正嬋娟，晚妝頻遞衍波箋。棐几瓦硯賦思玄，紅蓮丈餘坐綿綿。鄰園老人貢拙。寒翁是正

庚辰荷花生日壽寒翁次雪蕉韻　　大暑橫江火井蒸，芙蕖映座聚滂曆。如船藕孔收兵劫，把手芸香伴枕棱。圖寫茶村添畫史，門敲月下有詩僧。蘭舟搖向亭亭玉，緝柳陳編信有徵。　歷落嶔奇見此翁，驚人句在瘦寒中。苦從劫罅觴黃髮，戊寅翁自當塗入京，余攜酒為壽並有詩。今召朋簪進碧筒，狎鷺盟鷗情不淺。雕龍捫虱聽所聽，月娥萬感津梁共。饑鳳軒高景杜公。寒翁大教。嘯湖初稿

（上缺）鎮定，頗足政佩，但恐似弟之以安全與否為第二問題也，一笑。

敵機已廿餘日未入京，今晨正裁書，忽來多架，移時遂鳥散去。尊詩甚佳

　　哲夫先生賜鑒：接手教及和章，諸大作誦詠之下，欽佩無暨。承介紹作湘省南社會員，自應受命。但弟從前未曾作南社社員，此點仍請更正以昭核實至荷。以尊稿付油印，本微事。但此刻非時，故暫保存。惕山滇寓。弟未知其址。足部疴養，托庇已漸痊。並及敬頌雙福　　弟陳嘯湖拜啓。九、廿八。再敵機近對京極盡兇殘，開闢未聞。不圖躬逢其盛，但以未能執戈為恨耳。

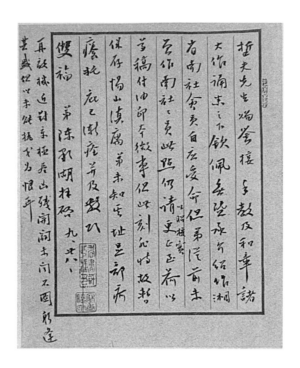

【注釋】

［1］陳嘯湖，詳見《附錄　蔡守與時人交遊考》。

傅屯艮 ［1］一箚

哲夫書來，索作壽蘇會詩次石禪均　　去年海上東坡會，曾為梅花一斷魂。自別茫茫驚改歲，吾愁浩浩逼孤邨。漫遊筇杖屐幾兩，清供仙葩石一盆。此日南窗付誰賞，酒杯空皿舊嗁痕。粵王臺下春風早，詞客重招嶺海魂。勞與詩篇作高會，還如臘鼓鬧荒邨。客魚婦酒聞罄欬，丹荔黃蕉滿盎盆。獨斲三湘浮一葉，祇今鴻雪未留痕。　　十二月廿六日書到，久不得栩園大慈去處。今知在粵，至為慰幸。此間有吳梅老作詩二首另寄，弟作就爐邊酒熟。疾書不足道，惟「客魚婦酒」四字尚新，不許它人剽去也。馮女士碑拓容後題奉。久不作詩，視同戒律。此二詩為東坡居士作，今後當為美人作矣。一笑。屯艮拜手　人日名印乞由郵寄，作小布袋為包件掛號可也。

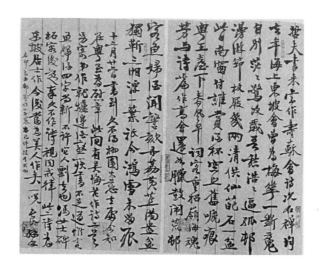

【注釋】

[1] 傅屯艮，即傅熊湘，詳見《附錄 蔡守與時人交遊考》。

陸嶠南 [1] 三箚

邊氛偶感，八十九疊師韻　河湟坐棄況車師，討虜誰賡出塞詩。諸將並同玄崔化，群黎空切紫鸞癡。犬羊入寇先為禍，氛祲乘邊屢警時。欲遣王咸通帝座，九閽無路漫深期。

感事一首書际標黃仲庵，九十一疊師均　甚囂塵上貿戎師，諷諫無聞客獻詩。縮地黃生空有志，補天媧女抑何癡。長城坐失（下缺）

南宗可作竟誰師，真照無邊賴有詩。擇木早傷三匝黃，焚香真忍百回癡。眼花空炫琳琅薙昌黎調張籍，平生千萬篇。金薤垂琳琅，心法誰傳一貫時。靈眎昭昭憑式鑒，千秋玉闕以為期。展師有和崔亭，癸酉除夕韻。乞所著《後山詩注》之作，因補和一首，即柬崔翁。四海聞塵懶草玄，書巢依約認江邊。客（下缺）

（上缺）訪邊計，瓦釜爭鳴聒耳時。太息曹劌呼不起，從來肉食者難期。

與柳曾約赴萬松山房不果，書報仲庵九十三疊均　徹夜霜猋狎雨師，騷騷屑屑似催詩。頻穿窗陳寒先透，自撫床棱坐若癡。人在圯橋空有約，我慚曲逆屢隃時。會須酒令依金谷，百罰深梧固所期。哲夫社督吟席政之，更存呈稿。

哲夫社兄道履：久未奉教，饑渴萬分，更存比益無俚。姬人呂素琴老曆三月為庸醫所誤，病起五六小時，遂以失抉。此時《獨居趣園》流出，荒山哀吟，誰共聽者。遙想賢伉儷琴瑟之驩，又得賢主人諟齋先生昕夕談藝。文酒之樂，真令人健羨不置。錄呈近作一束，長歌當哭。執掌倘亦為之撫然。即此候及敏

儷安　諟齋先生均此敬敏不備　社友更存頓首　丁丑中秋前三日。

　　錄近作賸呈次公　廿年不飲次公狂，潘鬢先秋兩著霜。心醉騷才多逸調，肯留些語傷蠻孃。

　　無夢　草堂無夢說荒唐，某也蓬蓬學言莊。琴院待雲長不返，巫山終累新人腸。

　　次均酬苣園垂唁素琴之作　屯田一曲雨淋鈴，歇拍深宥鬼火青。借酒澆愁終有恨，將花獻佛總無靈。鹽歌昔昔暉如夢，鏡聽明明倏幻形。最是老懷難自遣，驚看鬢影點星星。　丁丑中秋前三日錄近作寄擬　哲夫社長檀坫即希吟教都嶠山氏更存書於趣園

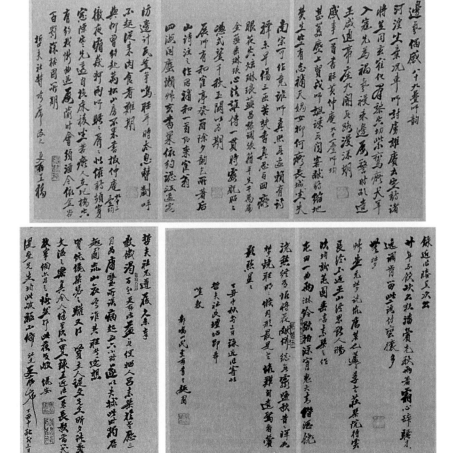

【注釋】

　[1] 陸嶠南，即陸更存，詳見《附錄　蔡守與時人交遊考》。

沈宗畸 [1] 二劄

百字令　　雪堂何處，自髯仙去後，風流寥寂。今日朋簪吟社燕，一瓣心香遙藝。玉宇高寒，銅琶豪壯，喝起峨眉月。花豬甘美，一尊同醉苔席。　　嗟我生不逢辰，文偏憎命，等是臨磨蝎。空有新詞歌哨遍，未必春婆能識。江水盟寒，家山夢遠，老作京華客。何如燒筍，共參玉作平版禪悅。南社同人集十峰軒祝東坡生日，前賦三絕句，意有未盡。再倚此闋。即希哲夫社兄　正拍　南野沈宗畸

（上缺）無計，乞與羈人一世愁。　　南野弟沈宗畸求是草

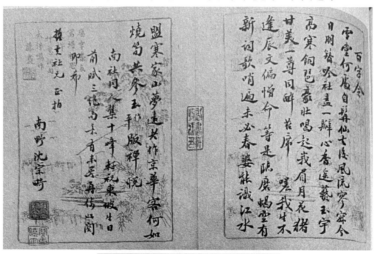

【注釋】

[1] 沈宗畸，詳見《附錄　蔡守與時人交遊考》。

吳承烜 [1] 一箚

（上缺）南山之壽，梨花夜月。雲礽傳東閣之賢。烜契洽宣平謂情荃喬梓訂交，今雨殊似安定。懷想高風鑽窗寒，纔翻箭譜酹江月。又檢琴囊，斧假吳剛，蘂宮修月，津吹鄒子，黍谷辟寒，清虛府近廣寒，灩澦灘通碎月。十分料峭，猶重寶鼎之香。三五團圝，又擬玉臺之序。丁丑春　古歙東園吳承烜拜敘。

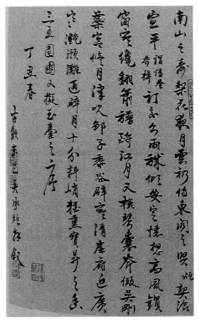

【注釋】

[1] 吳承烜（1854～1940），字紫融，又字紫蓉，安徽歙縣人。工詩文詞曲，曾任上海蜚英書局編輯、新安五軍第七路軍秘書。編著有《文選類腋》《六朝文挈補釋》《東園傳奇十八種》《東園叢編》三十冊。

何藻翔 [1] 一箚

（上缺）琶又促絃王蒲衣歲暮無酒米，則琵琶聲愈厲。要與先生做生日，畫叉乞借壓年錢想先生不以囊空辭作，先生亦不向胡奴索米。　鄒崖

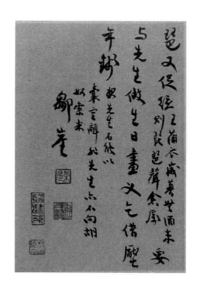

【注釋】

[1] 何藻翔，詳見《附錄　蔡守與時人交遊考》。

孫儆 [1] 一箚

敬題蔡哲夫先生寒月吟錄呈郢正　憂患本吾獨，閭閻喜有人。冬心不凋落，慧業復清新。明月同肝膽，梅花愛賤貧。石城偕隱好，不作粵東民。　前有龔何卷，今推蔡與談。新詩千載合，寒月一江涵。遠念懷鄉土，清修共鉢曇。雙飛飛不得，道味暫同參。丁丑春二月　孫儆

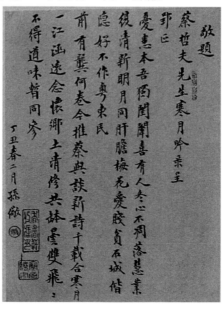

【注釋】

　[1]　孫儆，（1866～1952），一作孫敬，字謹丞，一作謹臣，號滄叟，江蘇南通人。
　　　　光緒二十九年（1903）舉人，曾官通州知縣，江蘇通州高級中學、金沙中學、
　　　　南通市通州區實驗中學、通州實驗小學等校創始人。

馮願 [1] 一箚

　　六榕寺拜東坡生日。錄希吟正並求賜和　靖康之後七百年，歷萬千劫都變
遷。惟有「六榕」兩大字，光芒十丈猶高懸。南雪齋中雪不見，風幡堂前風不
扇。石鼓已無郡學碑，琅琊難覓山堂篆。巍巍一塔矗雲霄，月落霜寒聽海潮。
梁唐宋元幾興廢，不隨風雨為飄搖。揭來瞻拜眉山像，仙骨棱棱佛寶相。六榕
寺古蘇祠新，同受十方眾供養。吁嗟文字有盛衰，靖康之禍成劫灰。至今寸縑
兼金貴，文網之密胡為哉。　　狷齋馮願稿

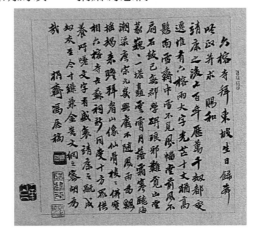

【注釋】

　[1]　馮願（1868～1943），字侗若。廣東佛山南海人。世居廣州，望族。先太祖馮承
　　　　修，翰林出身，授禮部郎中。學海堂及菊坡精舍專經生。光緒二十三年（1897）
　　　　舉人後任兩廣學務處官書編纂，嗣改任圖書科科長、廣東修志局分纂及中山大
　　　　學、廣州大學教授，善書法。著有《猥齋叢鈔》《獨抱·經說》《孝經實踐錄》
　　　　等。

沈昌眉 [1] 一箚

　　小除夕補祝東坡生日，應嶺南分社壽蘇會之徵，即用石禪老人勻　　七客
十峰軒裏集，一篇四韻薦詩魂。秔荒陽羨久無宅，眾發羅浮尚有邨。正擬送窮
親把盞，卻逢祭竈媼盛盆。移罇撤燭遙為壽，粵尾吳頭翰墨痕。　　哲夫社長先

生教正。　吳江沈昌眉拜藁。

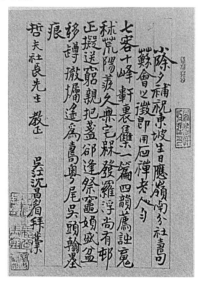

【注釋】

[1] 沈昌眉（1872～1932），字眉若，號長公，江蘇吳江人，少年喪父。宣統二年
（1910）與兄弟昌直發起建立分湖文社，同年由柳亞子介紹加入南社，在《南
社叢刻》上發表詩文。民國十七年（1928），柳亞子營造張應春烈士衣冠塚，昌
眉出力甚多。著《長公吟草》，柳亞子作序。

蘇澗寬 [1] 二箚

承寒瓊、澥山介紹入南社湘集，蒙雪耘社長寄示社集，書感誌謝。錄請哲
夫仁兄吟壇斧削　　南社集名流，衡湘氣勢遒。陳良思用夏，宋玉自悲秋。時
局杞人慮，神州漆室憂。郢中春雪調，巴里媿難酬。　弟蘇澗寬初稿。九號詩
五首，十三號有韻詩均拜讀，佩甚。命和恐不勝任，奈何。諟齋兄均此附及。

畫故宮所藏舊玉辟邪及端忠潛藏唐開元銅權於扇，以應劉耿儕仁兄劉供職
蘇教廳與易君左共事，題句錄祈寒瓊仁兄斧削並博一粲　　古人工製器，器工象
物形。雕琢與冶鑄，千古留遺型。奈何禁淫巧，坐使進化停。匪惟進化停，空
言汩性靈。讀書且玩物，喪志豈可聽。何不觀古人，製器何瓏玲。舊玉琢辟邪，
九重眼垂青座刻乾隆御玩字。題識寓深意，襃獎出明廷乾隆御題古詩，一刻在器，一
刻在木座。降至開元權，記年亦勒銘。煌煌官造字，獨立跱亭亭。玉琢而銅鑄，
文化光焱焱。予喜作舊筆拓，兩器目所經。為君繪畫之，恣期越歲星扇在予處已
經二載。畫成題俚句，嗜古共修齡。　碩人弟蘇澗寬初稿。

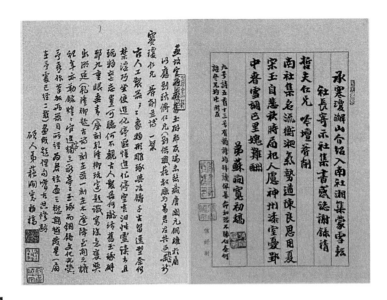

【注釋】

[1] 蘇澗寬，詳見《附錄　蔡守與時人交遊考》。

侯鴻鑒 [1] 一箚

再疊前韻並乞哂正　　新詩一首酒千尊，六十老翁喜抱孫。貽燕嘉謀繩祖武，慈烏反哺本親恩。傳家異目應留硯，裕後當年大啓門。自是芝蘭原有幹種，試啼何必效桓溫。璞叟又呈。

【注釋】

[1] 侯鴻鑒，詳見《附錄　蔡守與時人交遊考》。

呂志伊 [1] 一箚

哲夫社長道席：惠書敬悉，中美貿易公司事已將節略交龍主席。其日適日機突來空襲，龍亦公忙殊甚，未得詳談。龍言俟彼回滇與主管省委商酌再定。又健生諸兄正軍事緊急之時，未便往訪。因戒嚴中至軍事機關訪友，手續繁多也。敬候儷祉。弟呂志伊敬候

中華民國廿六年八月廿一日

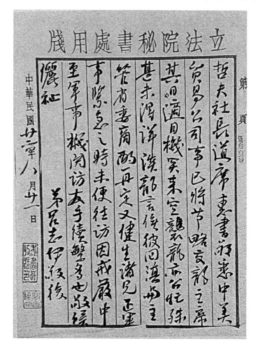

【注釋】

[1] 呂志伊（1881～1940），字天民，原名占東，別署俠少、旭初、金馬，雲南思茅人。早年留學日本，參與創立中國同盟會，參加了黃花崗起義。辛亥革命成功後，歷任雲南都督府參議、南京臨時政府司法部次長、參議院參議員。

林立山 [1] 一箚

哲夫我兄左右：月前由可生交到尊片，讀悉一一。弟以擔任後援工作，事務頗煩，又以敵機不時過境或轟炸，及其他特殊事項之突發如傷兵臥事，迫慰勞費數千元。亦復無暇握管，然尊片實置案頭。偶一檢閱，不覺思余之迫切也。此君原在何處任事，兄諒與交厚，一應情形當稱舒適否？月色夫人體氣諒健。都中生活費當能源源接濟否？縣省被禍甚烈。幸尊眷在港當告平安。弟以滬戰開

始後，祖遺商業大受損失，而個人方面，旣無絲毫之收入，復有層疊之支出各種捐稅紛至遝來。俱以地位關係不得不勉力承受，內心焦急，莫可名言。値此長期抗戰時期，正不知如何了局耳。萬方多難，尺素時通，苦中之樂，想有同情。惟亮察是幸。專頌　旅祉。　弟林立山手叩。十一月十日燈下。

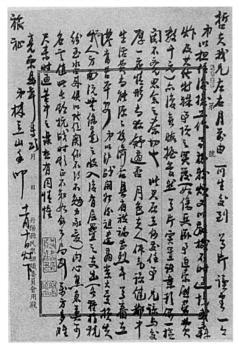

【注釋】

[1] 林立山（1881～1951），原名林懿均，字力山、立山。江蘇丹陽人。天資穎悟，13 歲時即讀完十三經，入泮成為秀才，一時享譽鄉里。光緒二十八年（1902）考入南京江南陸師學堂。隨後與章士釗等赴滬，加入章太炎、蔡元培、蔣維喬等創辦的愛國學社，投身革命運動。

李澄宇 [1] 一箚

八百年來論黨錮，於公生日最銷魂。從無水落龍吞石，依舊鴻飛雪滿川。大壽峨眉輸玉局，高歌落日側金盤。一尊歲莫神猶會，瘦寫平安竹有痕。庚申十二月十九日，南社同人集廣州十峯軒作壽蘇會，奉和石禪老人均。哲夫社長教之。李澄宇洞庭帅。

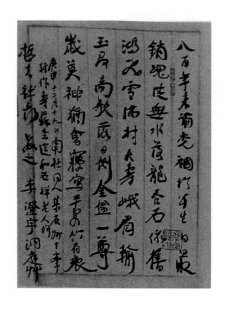

【注釋】

[1] 李澄宇，詳見《附錄　蔡守與時人交遊考》。

黃仲琴 [1] 三箚

　　哲夫社長偕談夫人自蘇遊京，寄詩索和，書此奉答，即請吟正　　詩句傳來護碧紗，神仙眷屬泛秋槎。談玄共點生公石，逐客先開鄧尉花。腹富經綸當治世，緒餘書畫已名家。此行得展摶鵬翅，詎向陳宮詠琴華。　　嵩園未定草

　　（上缺）商業停頓，省通志館結束。饒伯子銀行亦倒閉，正在另行借債，不久期內借入，即可分潤。亂世通財，原屬友道。尊事弟更無不關切也，劉雪耘社長處已函告弟福居事，恐郵遞隔阻。先生如與通信，並為道及是幸。姑孰為歷史勝地，不知有著名墨本暨近賢石拓可求否？島中尚可安居。先生外出，不知都中職務何如？客中及嫂夫人時有作畫否？耑此敬頌雙安　弟仲琴啓，中秋前一日八月廿四日到當塗

　　寒翁先生道鑒：九月五日上書，諒達左右。聞貴同人中有曾為康南海先生治印者，翁必素諗，是否易求？見示是幸。曾懇索友為四尺條屏或逕尺冊頁法書見賜，如有所得，箋直當送港寓。「辛巳年」印，嫂夫人暇為弟刻，如何？港中安好。敬賀節禧，並頌儷祺。弟仲琴啓　庚辰中秋

【注釋】

[1] 黃仲琴，詳見《附錄　蔡守與時人交遊考》。

徐忍茹 [1] 一箋

（上缺）當時滿擬將此通知面奉，故遲至星期日到寓。康茲特先行送上，餘容面罄。順候起居，並問月嫂夫人萬福。徐忍茹頓首

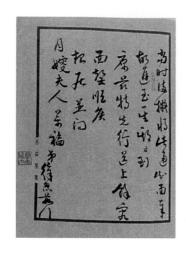

【注釋】

[1] 徐忍茹（1884～1965），浙江嘉興人。早年加入光復會。後留學日本，加入同盟會。辛亥革命時回國，任國民黨黨史資料編纂委員會編纂、代理主任委員。1949 年赴臺灣定居。

馬小進 [1] 一箚

（上缺）否留京守寓抑或與兄偕行，念念。半月以還，敵機不但頻襲廣州且擾及四鄉，甚至香江一地。能否安居，亦成疑問。吾人生逢亂世，真箇走頭無路耳。兄在外生活，究將如何維持？而傾城夫人稅居九龍，一家數口，亦大不易度日也。弟自秣陵歸後，舌耕養命，昕夕忙於講解改卷，精神困乏實甚，形體日瘦。雖當可勉強支持，然入不敷出，後顧茫茫，其不知如何得了。若非有老母在堂，弟決必去作馬前卒，殺賊救國，生死置諸度外耳，匆匆，專此敬覆，並頌儷祉，內人天牧附叩。弟小進頓首　　廿六年十月五日晨

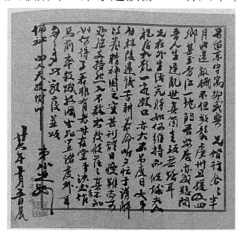

【注釋】

[1] 馬小進，詳見《附錄　蔡守與時人交遊考》。

姜可生 [1] 二箚

壽哲夫月色雙慶　　君與荷花同日生，介眉酒借碧筩傾。神僊眷屬人爭羨，佳話流傳遍石城。春初雅集壽茶村，今更為君酹一尊。詩卷堂堂天壤在，白頭芳思記荃孫。弟姜可生拜稿。

強柬或改期，亦未可知。兄到後寓何處可以快郵告知或通一長途電話，敝公司丹陽一百號舍間卅號，須至省辦電話處。立山兄患濕病，不良於行，弟多日未晤矣尊書已飭送。佛海並無深交，禦秋則廿年舊雨，但資助一節，未便啓齒，不應轉貶我等身分耳去年贈石，係弟奉潤以貽諸友，嗣後兄寄件到，彼等均函弟致謝。佈雷之送百金，真難得之良友。闊人脾氣大，屆時弟與君左立山宴賢伉儷約在省名流作陪，則一時之盛也。石章極佳，容謝耑叩　儷安。弟□□頓首　七、二　鈐「姜可生印」朱文方印

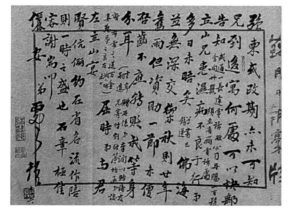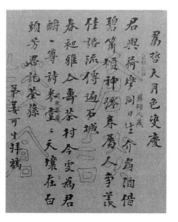

【注釋】

[1] 姜可生，詳見《附錄　蔡守與時人交遊考》。

蔡元鼎 [1] 二箚

（上缺）可知其時適陳氏暴動，廣州被圍。一日魚書至，勝誦絕妙詞。展卷更愉快，惠畫梅一枝。枝幹任橫斜，冷香正及時。所求出所望，臨風拜芳儀。盛情無以報，遙祝兩期頤。

吉銘蔡元鼎拜稿　鈐「含英館主」白文方印

敬步實虹先生壽，哲夫吟丈原韻，即請誨政　　淤泥不染淨於蓮，抱道自

重年復年。敝屣榮華輕粟帛，隱將白下得天全。　　宗姪吉銘拜稿

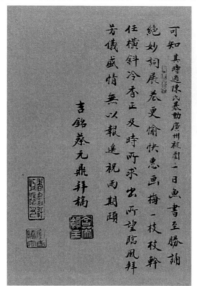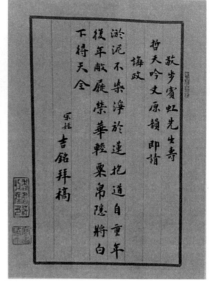

【注釋】

　　[1] 蔡吉銘（？～1994）名元鼎，號含英館主。黎里人，柳亞子堂弟、蔡民堂弟。師從金松岑。

周夢莊 [1] 二箋

　　一串金鈴子，搜來入藥籠。根須分赤白，樹亦有雌雄。元素修治法，岐黃配合工。何難徐五疝，容易殺三蟲。不讀歲旹記，安知風俗通。葉能飧獬豸，樹可畏蛟龍。氣味酸兼苦，芬芳紫間紅。鋪床塗蚤虱，塗汁滅蜈蚣。可已文園渴，無非洪邁功。佩之能解惡，最好出川中。　　楝花蒿呈　寒瓊仁丈正　夢莊稿

　　燭影搖紅　誤種相思，年年南國生紅豆。新詞怕譜秣陵秋，腸斷君知否。一片幽悰未剖。這心懷，常如病酒。干戈遍墜，烽火薰天，晚花時候。　　悵望河山，綠簫凋盡臺城柳。攀條無語怨西風，吹得腰支瘦。爭羨清才美偶。更雙雙、詩新畫秀。燕脂井畔，牛首山前，相偕攜手。　　己卯莫秋寄贈　寒瓊先生、月色女史拍政　　周夢莊拜填

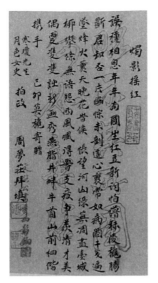

【注釋】

[1] 周夢莊（1901～1998），江蘇鹽城人，博覽群書，學涉古今。對地方誌、版本目錄、年譜傳記、文物考據、詞章典故等有精到的研究，以詞學見長，著有《周夢莊全集》。

蘇瑩輝 [1] 一箚

鎮蕃先生侍席　日昨於雪電話中聆訓示後，經探悉，石公先生本星期四晚間廿九日尚無宴約，儻公等認為是夕可以設餞，即祈將總館發起人名單惠擲，俾使此城同人陸續簽署是幸，至時地兩者亦乞公等裁奪為禱。甫覆。敬請吟安。後學蘇瑩輝敬上。五月廿七日　瑩輝家藏之《息齋集》《古泉》兩冊乞就近向心一兄取閱。倘尚合用，即先選一冊聊供臨池可也。

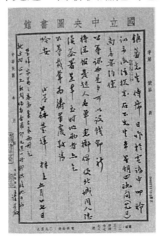

【注釋】

[1] 蘇瑩輝（1915～），字景坡，江蘇鎮江人，1943年到敦煌藝術研究所工作。抗日戰爭勝利後任職南京中央圖書館。1949年定居臺灣，任臺北中央博物館圖書館聯管處編輯，敦煌學研究專家。

奚侗 [1] 二箚

（上缺）離穠此更奇異，豈惟佳話亦勝緣。可惜病困闕把臂，遠懷徒戀青山妍。此邦風物堪流連，行見殘日沉虞淵。九月五日　奚侗敬上。

（上缺）訪借，緣弟家無此書也。都門近少安定，商店多復業，此亦暫時現象耳。《艸堂圖》承允合畫，真是快事。弟窮無匹，體又不健，遙念公等談諧之樂，不覺悠然意遠矣。手復。即頌近安。弟奚侗敬上。九月十五日　　月色夫人安好

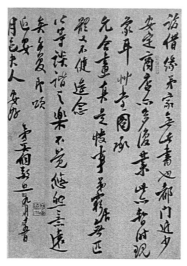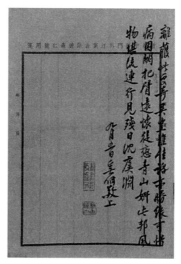

【注釋】

[1] 奚侗，詳見《附錄　蔡守與時人交遊考》。

葉敬常 [1] 二箚

題歲寒三友圖。　寒翁詩書畫三絕，絕筆乃在三友圖。賸石欲為梅作伴，庚辰秋月秣陵書。　歲寒草木凋零盡，惟有寒梅始著花。省識畫圖添石意，千西留得壽無涯。錄呈月色夫人吟定。　順德夢廬葉敬常稿。

寒月吟題詞　　雙修福慧結同心，一卷新詩播藝林。梅影當窗寒月夜，添香想見共清吟。　　寒瓊社長正　　夢廬葉敬常

 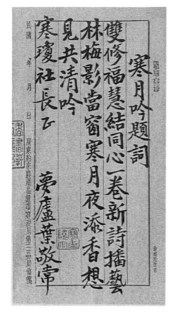

【注釋】

〔1〕葉敬常，詳見《附錄　蔡守與時人交遊考》。

靳志七箚

五嶺月色真奇絕，照人梅邊吹玉笛。清歌奈此良宵何，數點暗透春消息。
春心早共花爭發，相思寸寸知愁織。那堪盈手贈天涯，不管清寒與攀折。
月色近在珠江側，流光萬里搖空碧。嶺頭春隨驛使來，一夜愁殺江南客。
月色窮入小窗幅，照我高堂之素壁。翠禽飛上玉臺枝，舊夢羅浮殷勤覓。
是人是月還是花，盡有清亂清粉墨。瑤臺月下一相逢，藐姑射仙似曾識。
冰雪肌膚玉精神，沒骨淡掃曉煙幕。何郎老無春風筆，自度新聲慚白石。
水中月耶鏡裏花，即心即佛空即色。無端映取山河影，亦知非真苦相憶。
天上人間同淪謫，昨過牛渚弔李白。登舟望秋發高詠，楓葉落盡不遑惜。
捉月而死計良得。

哲夫先生道席：

秵園轉來畫三軸，題就送上，祈檢收。題詩尚能戞戞獨造，未敢人云亦云。不識當月色夫人意否？附呈石一方，擬懇鐵筆為刻十四字，其文曰「於今兩度見丁丑，人生六十未成翁」。倘嫌文長字小，則可刪去其半或取第一句，抑取第二句不拘，但開端兩字改用「我生」兩字可耳。例如「我生兩度見丁丑」或「我生六十未成翁」是也。專此祇頌雙安！不具　　弟靳志頓首　丁丑雨水後

哲夫老兄道席：

中元後空襲頻生，流離星散，我獨株守鼓樓，叢槐邨貰廡坐對小兒女六人，書籍字畫碑帖堆床連屋，昕夕聽警報，迄今日不下六十次。頃得　惠書附兩律，知避地當塗。殷殷問眉仙、惕山、潁人伉儷所在，我竟無以答也！另紙次第二首韻希郢正，竊謂覓安全地點是一問題，而達到後如何維持生活另是一問題，儕輩太坐以祿代耕，無田可歸，尤感困難。複頌平安　月色夫人均此　愚弟靳志頓首　中秋前七日

舊家長物可能完，市月嚴城去住難。仰射金烏慚后羿，亂拋鵷卵下炎官。

朋交星散從頭問，天屬蓬飛忍淚看大小兒文翰大小女易生均隔絕舊京。好在鐘樓街裏竹，驚秋猶解報平安。　哲夫老兄正之　丁丑中秋前七日弟靳志次韻

（上缺）調遣人員並責令，常川在京於星期一、四兩日親自簽到，得支原薪四成。若兩次相連缺簽，即以請假回籍論，停其薪給。其留職者概不准請假，工作加緊得支原薪八成，諺謂之要錢不要命。停薪者避地星散，謂為要命不要錢。至於候調遣人員，除簽到時間外，得自由遷避，則為要命又要錢。此系杭戰期內，故實不可無記載，即用諺語發端得二百五十字。頃者政府西遷得載後車追赴行在者為數更少。通令發薪三個月遣散回籍。大多數公務員，遂盡失業。回顧候調遣時，尚有四成點綴，乃成黃金時代，可望而不可即矣。昨題「於湖垂釣備可憐，王氣金陵盡。多少鯰魚不上竿」。雖云借題發揮，其沉痛見於言外矣。即上哲夫老兄哂正賜和　弟靳夫拜上，時小雪前夕

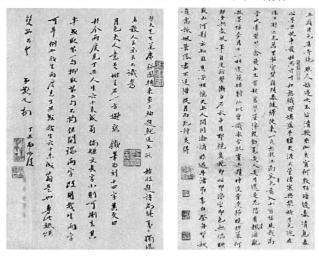

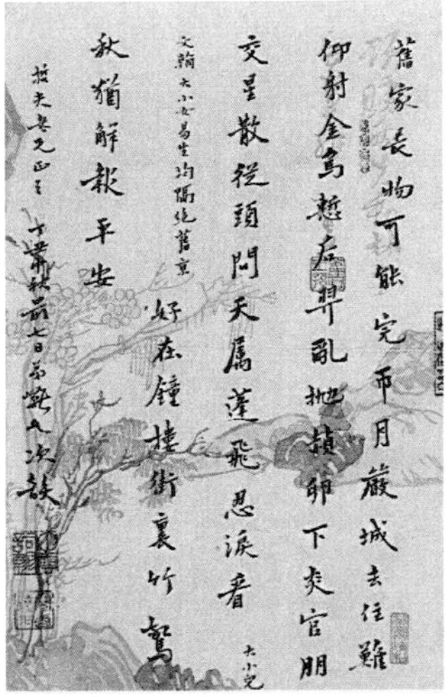

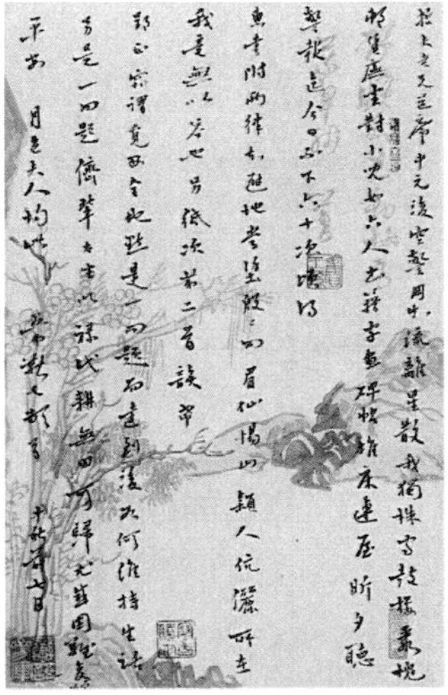

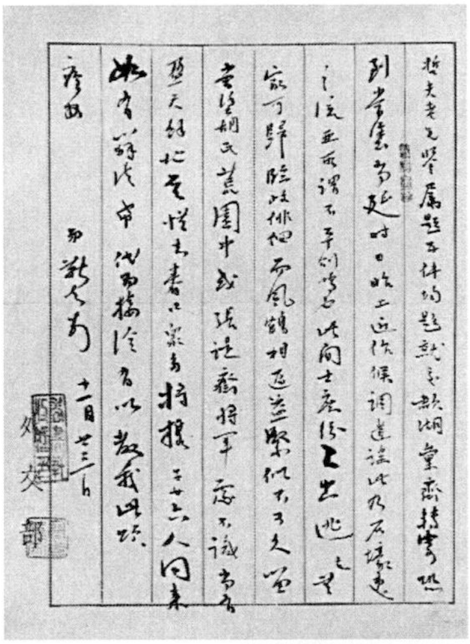

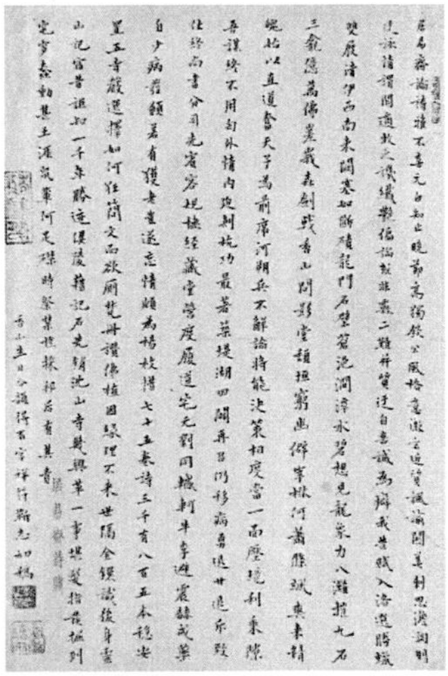

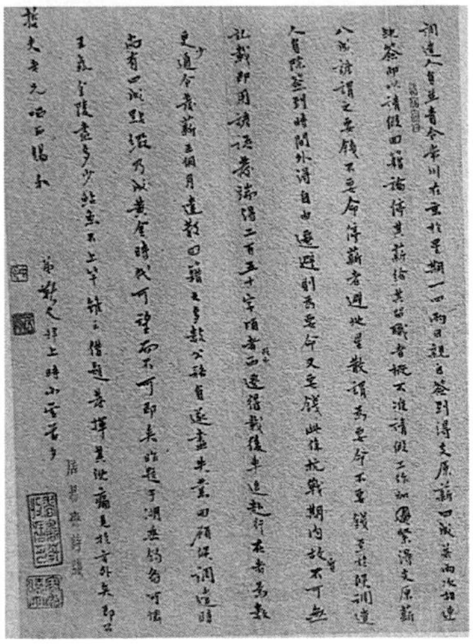

【注釋】

[1] 靳志（1877～1969），字仲雲，號居易齋，河南開封人。工詞章、精書法、擅章草。

陳世瑢 [1] 一箚

寒翁生日，夫人月色女士為調南烹見餉，書謝　　憐公漂泊長霜莖，喪亂餘生御壽觥。林下高風最傾倒，南枝畫了試南烹。　陳世鎔叩上。

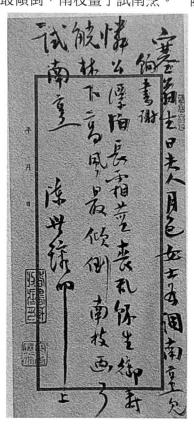

【注釋】

[1] 陳世瑢，無考。

林巖 [1] 三箚

楝花一幅畫圖新，猶見金陵舊日春。家國空懸千里夢，烽煙愁望九州塵。功名歷碌成何事，歲月蹉跎負此身。不盡天涯淪落感，東風惆悵倚闌人。寒翁先生、月色夫人政之。己卯夏日，松峰未是艸。鈐「林巖」白文方印，「松峯」朱文方印

　　寒翁先生大鑒：昨由揖君先生轉來惠賜《棟花圖》一幅，謝謝。拙作無似，竟蒙謬賞，乃復報以瓊瑤，感甚！感甚！月色夫人彩筆，寫生傳神，楮墨風光，畫裏彷彿當年而芳韶猶是。人事日非，憂患之思又豈獨為棟花寫照而已耶。感慨今昔，因賦一律，並答雅意，幸有以正之也。耑此即頌。大安　月色夫人均此　林巖謹啟　　七月三日

　　三月春風暖，江城卉木深。繁花開碧樹，腴紫滿高林。芳菲照顏色，燦爛若瓊琳。清風搖疏影，交枝拂綠陰。韶光滋可愛，佳日足登臨。鄉關不可望，離懷傷我心。憑闌獨惆悵，悠悠思難任。山河渺天際，烽火隔青禽。勝遊思往昔，流轉感而今。行吟悲故國，所念惟朋簪。陽春本難和，流水孰知音。因風抒悒鬱，聊復寫憂襟。敬和寒翁先生《棟花篇》元韻即呈雅政。松峰未是卉。

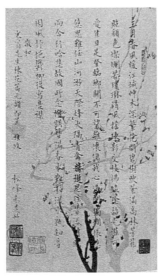

【注釋】

　　[1] 林巖（1911～1977），字松峰，福建閩縣人。上海大夏大學畢業，歷任銀行、海
　　　　關秘書等。詩詞家。

蔡濟舒 [1] 二箋

　　哲翁先生道鑒：以園奉教，彌慰欽遲。近以協助玄圃治喪，昨日始返黨部。展誦惠書，敬悉下走淺陋，實未學詩，過蒙弘獎，但覺戁汗。茲特率草一律，藉博一咲，實不成為詩也。熊夫人夙未知悉，但贛省蔡氏人丁頗旺，與寒宗並非一族也。匆匆奉報。星期下午，當圖修謁。祇頌儷安　宗晚濟舒

頓首。

　　敬簡寒瓊先生並祝月色夫人元旦悅慶　　墨妙欽遲廿載前，於今幸見孟梁賢。人間福慧雙修處，藝苑才名三絕傳。菊譙聊吟娛晚節，椒觴介壽正新年。行窠笑語春光裏，偕老鴛鴦不讓仙。後學濟舒未定草。

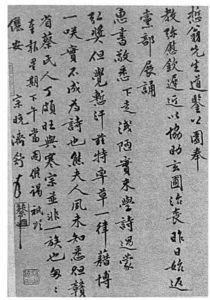

【注釋】

　　[1] 蔡濟舒，無考。

戴正誠 [1] 一箚

　　丙子重九國學會青溪詩社在浣花宴集，同人分韻賦詩。拈得笑字　　滿城無風雨，暠暠秋陽曜。泉山嚴壁壘，難為蘇門嘯。況非休沐日，僧應鐘撞廓。如何修秋禊，商畧朋簪召。國學與清溪，笙磬原同調。聯盟主詩壇，華萼相輝耀。雞黍謀近局，酒樓堪憑眺。曷用躡棲霞，觀楓紅於燒。卜夜不卜晝，萬家燈火搖。簿書剛脫腕，咸集長和少。嘉賓有趙管，風流著海嶠。羅浮萬梅花，入毫燦墨妙蔡寒瓊伉儷自粵來京，夫人談月色善寫梅。折枝吟坡穎吉符、穎人昆仲皆擅詩鐘，濟美憶劭劭去年九日青溪社友集金陵寺，惕山挈其公子來與會。濟濟一堂間，英英花四照。誰云塵世中，難逢開口笑。心清境自寬，俯拾皆詩料。及時行樂耳，一任好事誚。　　寒瓊先生、月色夫人吟政。　　戴正誠藁上。

【注釋】

[1] 戴正誠，纂修《江北樂磧戴氏宗譜》2 卷，民國二十八年（1939）鉛印本；撰《鄭叔問先生年譜》1 卷，民國三十年鉛印本。

馬潔 [1] 二箚

（上缺）猶能河房酌兒觥，劫罅可容高士隱。五都眾竟薄書生，朝夕珥華雜傭保。殘杯冷炙哀杜陵，差本召伯謂品卓大參同本色。肝膈披瀝如弟兄，共守枯株歲復歲。空懷大海掣長鯨，時不我與可奈何？且蓄健翮潛南溟。他日雄飛下建業，壽蘇詩與子同賡。寒翁社長、月色夫人儷政　竹秝馬潔呈稿

（上缺）故林。簇簇亞柔枝，娟娟綴紫琳。幽人契真賞，招邀憩綠陰。把酒強為歡，解慍風將臨。滄桑頻過眼，烽燧屢驚心。南塘久不作，禦侮誰可任？爰理舊詞翰，帖子寫來禽。窮困何所戚，治亂自古今。但得友朋樂，聊用忘華簪淘句。感君篤舊誼，萬里寄母音。一讀三歎息，不覺淚滿襟。寒翁社長、月色夫人　儷正　　南湖馬絜未定艸

【注釋】

[1] 馬潔（1895～1967），原名平章，字竹庵，又字竹禪、竹髯，亦署馬絜。博學多才，長於詩、畫、金石、考古。參與編寫、續修縣誌，曾任雲南蒙自縣政協委員，紅河州政協文史資料委員。

黃孝綽 [1] 二箚

誰見繁香度牖時，歲寒心思欲深期。不煩白水真人力，自讀西湖處士詩。造化小兒真薄相，故園歸計入支頤。晴窗寫出橫斜影，看倚琅玕一段奇。奉題月色夫人自寫畫梅小照。敬乞郢正。翚厂黃孝綽集簡齊句。

哲夫先生左右：久暌雅教，時切馳思。獻歲發春辰，維興居曼福為頌。无量承囑題月色夫人自寫畫梅小照，勉集簡齋詩句，敬乞指正。耑上祗頌吟綏　黃孝綽頓首，六日。

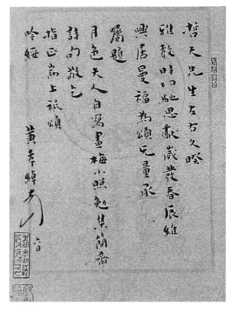 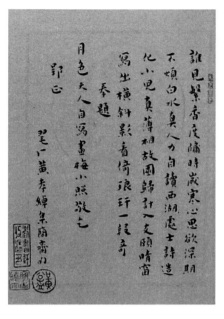

【注釋】

[1] 黃孝綽（民國時人），福建閩縣人。父親黃曾源曾任濟南知府，民國文林雅士，詩人。兄黃公渚（1900～1964），原名黃孝紓，號匑厂，精通詩詞，擅長丹青。

任佩琳 [1] 一箚

（上缺）勤惠勿吝，又累月。前函奉楮資廿元，托於于院長墨寶，想邀睞及。此公燕許大筆，迅蘄鼎言，俾快先覩，拜求！拜復！即敏儷祉　弟任佩琳頓首　八、十二

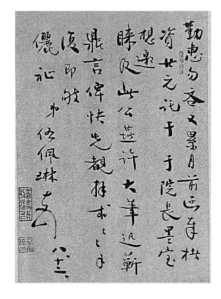

【注釋】

　[1] 任佩琳，無考。

祥鳩 [1] 一箚

　　寒瓊先生侍右：星僑兄來，接奉手翰，欣悉稅駕于湖，滋地接近首都，聞極平靜，即返京固亦方便。賢伉儷書畫皆必傳作，惟際此時局，而球琢已不敵薪米之貴矣。奈何奈何。專比奉覆，順頌旅祺。弟祥鳩頓首　十二　　　溶溶夫人均此

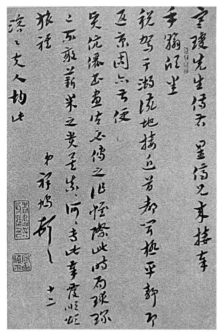

【注釋】

　[1] 祥鳩，即崔祥鳩（1893～？），安徽人，畢業於南洋公學日本京都帝國大學、
　　　神戶商業學校、東京高等商業學校等多所大學，專攻法律和經濟學。是李鴻
　　　章家族李經方遺囑的保管人。民國元年（1912）為安徽第一地方審判檢察廳
　　　檢察長。

盧鑄 [1] 一箚

　　（上缺）營新宅，重為烏臺理覆盆石禪老人貿宅於眉，號「蘇鄰別墅」。徑到向了參去住，鴻飛天外偶留痕。戊午東坡生日，石禪老人招集德有鄰堂次韻。舊作寫奉寒瓊老兄采覽。　庚申殘臘盧鑄頓首。

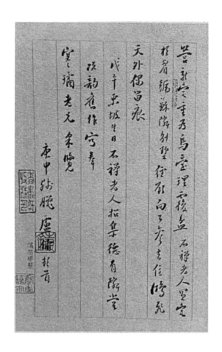

【注釋】

　[1]　盧鑄（1889～1952），名同轟，字可鑄，號滇生，別號匏齋，江西南康唐江盧屋
　　　　村人。南社成員。

王十三 [1] 一箋

　　荷花生日水雲蒸，高會耆英壽李膺。小隱茶丘風雨晦，清修盦艷月雙棱。圖描秋室丹青侶，墨杪冬郎心粥飯僧。我在亂山殘水外，新詩喜不待秋徵。　哲夫社長初度，余以病未往上壽。賦此寄祝。即請笑正。　□□王十三未是艸

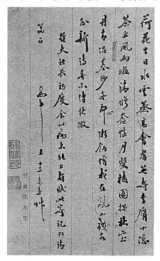

【注釋】

[1] 王十三，即王蘊章（1885～1942），字蓴農，號西神、蓴廬、十年說夢人、二泉亭長等，光緒二十八年舉人。參加南社，鴛鴦蝴蝶派主要作家之一。後任滬江大學、南方大學、暨南大學、正風大學等教授。蔡守於致黃仲琴信中稱王西神為「王十三」。

嚴邦英 [1] 一箚

（上缺）皖中金石書畫當不少見聞，望時時通訊。或方便得名人墨寶，為作《北田草堂圖詩》，均可感也。寄上石□公墓拓本，碑小而低，施氈椎不易，是以如此，此點公所拓也，炎公囑代致候。內子囑問候月色夫人安好，即敬雙安。晚貺十一月十二日於大良。大良東門馹馬居廿一號北田書屋，哲夫道兄旅安，弟嚴邦英叩

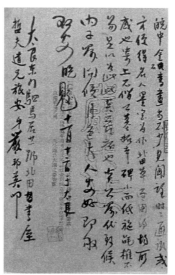

【注釋】

[1] 嚴邦英，詳見《附錄　蔡守與時人交遊考》。

徐寶泰 [1] 一箚

抖擻天寒雪意奢，閉門煮酒鬥尖叉。羊膏換得梅花後，笑看林逋愛黨家。寒、月社長一笑。弟泰叩。冬至後一日　孫君號頃波

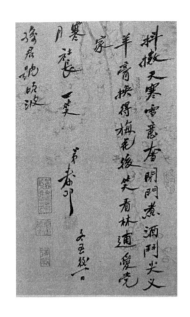

【注釋】

[1] 徐寶泰，無考。

趙治邦 [1] 二箚

哲夫社友先生於荷花生日，誕辰奉和本社劉雪蕉女士原韻，集句七律二首

山深雲氣自薰蒸羅洪先，欲問龍門見李膺白居易。每愛竹聲清有韻陸游，折來花朵細含棱王禹偁。傳呼草市來攜客蘇軾，坐聽疏松欲訪僧徐續。萬頃煙波蓮葉晚王維，祝年詩不待秋徵徐夤。　夜雨生涼洗鬱蒸陸游，寡言端擬學銘膺陸游。觀星樓上瞻天象許渾，戀月潭邊坐石棱白居易。放鶴去尋三島客杜荀鶴，前身應是一詩僧白居易。石經猶有中郎蔡林光朝，皓首高歌見壽徵趙抃。　四海文章陸放翁林旃陸，摩訶池上月方中陸游。因過竹院逢僧話李涉，揀得煙汀下釣筒陸游。每展畫圖情更暢王維，老於詩句耳偏聰蘇軾。晴窗寫出橫斜影林逋，夜叩柴扉謁遠公郎士元。　　趙治邦鯉庭

《歲寒三友圖》，社友寒瓊先生畫□絕筆也，漢賦七絕五首，用誌不忘

歲寒三友妙傳禪，竹石松梅各寫真。每羨孤山新眷屬，林逋珍重一家春。　琴書詩畫是家傳，三友成圖亦夙緣。繪罷奇峯何處去，難將壽石補情天。　石伴松梅綠數竿，胸中成竹入毫端。空山風雨防飛去，千古寒翁耐歲寒。　松筠古節自清幽，石不能言暗點頭。落筆何須遲五日，題詩早已定千秋。　繪松繪竹繪梅花，不重三家重四家。寫石入圖成絕筆，遠徵題詠到京華。　辛巳初秋檀山漁隱趙鯉庭題於春明寄廬。

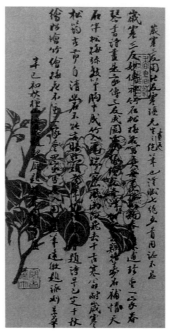

【注釋】

[1] 趙治邦，字鯉庭，北京密雲人，清末民初文人，《民國密雲縣誌》編纂之一。

張素 [1] 一箋

清平樂　　畫家標格，瀟灑人誰識。曲沼風來香滿室，生與荷花同日。　春初韻事猶存，一甌曾壽茶村。羨汝閨中才媛，丹青相伴朝昏。　壽哲夫月色雙慶。　　弟張素拜藁。

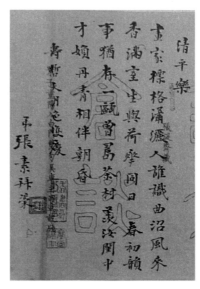

【注釋】

[1] 張素（1877～1945），字揮孫，號嬰公，江蘇丹陽人。早年在上海執筆《南方日報》及《新聞報》。後赴東北哈爾濱主持《遠東報》筆政，並與陶小柳一道發起組織遼社。1917年任《復縣誌略》總編撰。還致力於《丹陽鄉邦文獻詞傳》的收集和整理。抗戰時期到上海籌備書畫賑助會，創設滄海文藝商兌社。著有《悶尋鸚館詩抄》《草間集》《瘦眉詞卷》及《嬰公文存》等。今輯為《南社張素詩文集》。

黃登彩 [1] 一箚

歲寒三友圖　　松梅竹傲雪冥冥，添得玲瓏石鬥青。不拔精神高氣節，嚴冬歷盡不凋零。大夫君子美人俱，貞節凌霜永不枯。補石瓊翁今已矣，空留絕筆惹傷吾。雪凝梅蕊竹松攢，不改青青耐歲寒。悽絕箇中添石處，觸吾未忍久長看，重光大荒落仲呂。　　臺南色五黃登彩題。

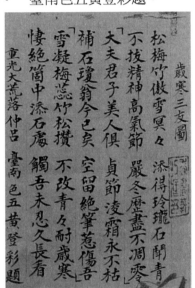

【注釋】

[1] 黃登彩，無考。

何子陶 [1] 二箚

哲夫兄鑒：由大良轉寄到九月廿二號手書及和拙韻，語短心長，足徵真摯矣。廿三又寄來十餘章，於亂離中能倚馬萬言，足見精神旺也。弟心緒甚頹，無可告語。前數夜亦得兩章，今以送覽。八月廿五號到良住了廿天，乃九月十五夜飛機迴旋似欲下殫，心膽俱悸。龍旅居東方幸不殫於西方石湖涌，否則殆

無十六返省而廿至廿二諸惡聲兼作，如墮修羅獄中。廿二午逼得走南海平洲離省十餘里，在商人林家居住。老屋數椽，亦可一棲止，暫時安之十月五號由龍宅彙寄各信，始見　尊函也。稍閒當以尊稿寄夢良。他家人已返三水矣，復函交廣州南海平洲林地盛子里巷林鏡政轉弟可也。即頌日祺。弟何子陶啓。十月初七晨　江村老居中筆墨均荒蕪也。

前日敵占東沙島、伶仃島，莫□□大恐。又及

哲夫兄鑒：正深懷想，乃誦新詩，佩慰奚似。國曆八月十九敵機襲廣州一次四駕被逐。廿一日襲一次先後十駕或傷或跌。全城慶□，可稱神勇。九月三號颶風大作，傷損尤多。於八月廿六，弟攜眷遷大良轉避至今未有大襲。吾老了，此危難與兄同慨耳。在旅居中尚得詩數首，希吟政。與英伯等文酒之樂又間斷耳，可歎也。弟現寓大良碧鑑路留山巷五號龍宅通信於此。即覆並頌日祺。　月色夫人統此問候。無論男女朋友垂老遭亂，但期能再見而已　弟何子陶頓首　九月十一號下午自大良寄

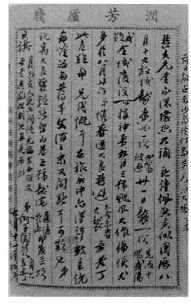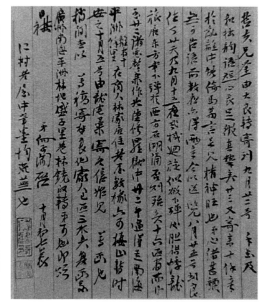

【注釋】

[1] 何子陶，無考。

粟庵 [1] 一箚

（上缺）返魂。舊雨喜同集蓮社，春風如在偏荒村。峰頭白崔尋選址，儋耳花豬上薦盆。此會自關扶大雅，題詩體例雪鴻痕。　粟厂未是草。

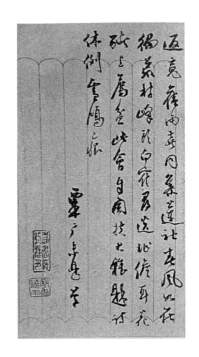

【注釋】

　[1] 粟庵，無考。

孫綺芬 [1] 一箚

　　敬呈寒瓊道長，即乞哂正　　金箭東南品望珍，滇深蠡測愧無因。一廬風雨淵淵作，四壁雲山疊疊陳。朋輩舊交輿服屏，尊彝古趣琢磨新。襟懷澹遠殷馳慕，倘許從遊角折巾。　　朱縬天半仰斯人，攬取餘芳撲俗塵。典數伯喈能濟美，搨摹孤本最怡真。置身常在清涼境，入座同遊太古春。更結鴻光偕隱伴，梅花寫照更精神。　　姚江孫綺芬拜稿。鈐「綺芬」朱文方印

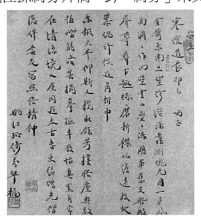

【注釋】

[1] 孫綺芬，之江人，生活於青浦一帶。南社社員。交遊廣泛，與當時社會名流交往甚密，曾刊行《綺芬浪墨》一巨冊，所謂「浪墨」者，悉為當代名人如康長素、章太炎、林畏盧、陳散原等題序，己作卻不著一字。同文無不引為笑柄。後折節讀書，為文乃楚楚可觀。

蔡諲 [1] 一箚

照錄陳子衡詩，蔡哲夫先生行年六十有一，其生日與荷花同，壽之以詩饑鳳軒中小隱身，荷花生日即弧辰。虔修遂得同金粟，介壽相看伴玉人。品似茶村胸灑落，尊開蓮社節嶙峋。畫梅贈我標奇格，珍重投詩報蔡諲。

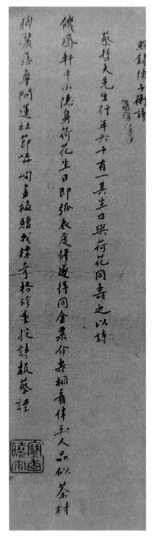

【注釋】

[1] 蔡諲，無考。

胡吉甫 [1] 一箋

文亦異。海內仰高賢，結交盡名士。溯當嶽降辰，迥異凡流器。德比君子清觀蓮節為君生朝，故云，質秉夫子義舊曆六月廿四乃君生辰，俗傳是日為關夫子壯繆侯誕。仁者固宜壽，至言徵孔氏。補慶南山頌，會當自有時。原更過十載，君年已古稀。躬與荷華讌，唧盃晉酒巵。我醉君復樂，陶然共忘機。　　　己卯秋八月　同邑後學胡吉甫未定草。鈐「吉甫」朱文方印

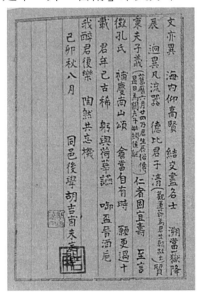

【注釋】

[1] 胡吉甫，無考。

天隨居 [1] 士一箋

庚申十二月十九日南社同人集十峰軒作壽蘇會，遙和石禪老人韻　　身宮磨蠍月逢丑，此老應歸春夢魂。不遇政翻元祐局，何緣庵住桄榔邨。新聲愧乏黃岡篴，恠石宜陳高麗盆。聊繼寒香開盛會，五羊鴻雪又留痕。　端明學士東坡老，拱木千秋久斂魂。復處定緣觀品物，歸來倘記詠蠻邨。迎神曲譜南飛鶴，調水泉供滿照盆。憶到黃洲剛此歲，稱觥餘瀝染襟痕「州」誤作「洲」。天隨居士率草。

身宮曆蝎月逢丑此老應歸春夢魂不遇政翩元
祜屑何緣庵住枕榔邨新聲愧之黃留蓬惟石宜
陳高麗盆聊繼寒香開感會五羊鴻雲又留痕
端明學士東坡老拱木千秋久飲魂復處定緣觀
品物歸未備記詠螢邨迎神曲譜南飛鶴調水泉
供滿照盆憶到黃洲剛此歲稱觥餘瀝染襟痕
庚申十二月十九日南社同人集十峯軒作壽
蘇會道和石禪老人韻
天隨居士率草

【注釋】

[1] 天隨居士，近代詞人袁思亮有《清平樂·為天隨居士紀所夢》詞曰：「有情天老。一枕屏山曉。選夢無端成懊惱。惆悵美人芳草。　飄零燕子無家。東風不管年華。便道綠陰成也，醒來依舊天涯。」

馮玉二箚

步石禪老人壽蘇原韻。　馮玉 [1]

南社幽同小靈隱，月明古塔印詩魂。餘杭逸興吟梅屋，淮潁豐年醉杏村。戲寫桄榔新筆墨，歸謀麴蘗舊杯盆。儂原詠絮才多慊，恐被朝雲笑濁痕。　岳陽曾記留仙跡，駕鶴歸來石鍊魂。二曲林泉花繞座，六如亭榭樹成村。湖遊隨處添吟篋，嶽降當年祝晬盆。願買素絲工繡像，髯容恐未貼無痕。鈐「馮玉於歸香山莫崔鳴」白文方印

步石禪老人壽蘇原韻。　養雲

瞻公道貌知公壽，不辨仙魂與鶴魂。跌宕文章思玉局，風流笠屐遍荒村。芋香啖借梵王楊，桃實供宜學士盆。我愧俗纏還利鎖，登堂擬懺六如痕。　世情誕妄談玄術，怎學先生永駐魂。伴雅竹宜高士宅，養廉諸愛野人村。歸與同耀金蓮炬，食譜還登赤荔盆。料得仙心忘芥蒂，許容尺地俗留痕。鈐「馮玉掌箋」朱文方印

步石禪老人壽蘇原韻

瞻公道貌知公壽不辨仙魂與鶴魂跋宕文章思玉局
風流笠展通荒村芋香峽信梵王稠桃實供宜學士盆
我愧俗媵還利鎖登堂撒懺六如痕
世情誕妄談玄衍怎學先生永駐魂伴雅竹宜高士宅
養康猶受野人村歸與同雞金連姪食譜還登赤嘉盆
料得仙心忘芥蒂許客尺地蔬俗留痕
養雲

步石禪老人壽蘇原韻

南社幽同小靈隱月明古塔印詩魂餘杭逸興吟梅屋
進顏豐年醉杏村戴寫椰斫筆墨歸謀疴槃爲杯盆
懷原咏絮才多慄恐被朝雲笑渦痕
岳陽曾記留仙蹟駕鶴歸來石鍊魂二曲林泉花晚莊
六如亭樹樹成村湖進隨處渝吟匲巖降當年枕晬盆
顧買素絲工織像彝客恐未貼無痕
馮玉

【注釋】

[1] 馮玉，字孔嘉，廣東香山人。南社成員。

區賚 [1] 一箚

壽寒翁用雪蕉原匀，南海區賚夢良　　藝聞進道日蒸蒸，才氣英多久服
膺。每就碑林研搨蠟，時從茶器別廉棱。吟聯寒月窗中侶，源溯金沙寺裏僧。
自是君謨劬作述，盍將壺事更閒徵。　　周甲繞過即號翁，行窩流寓石城中。興
隨董白題梅影，閒對樵青話茗箭。文藻有緣居故宅，鑠竿無事自含聰。荷華豈
第同生日，不染污泥正類公。

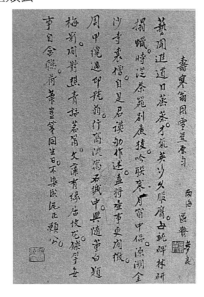

【注釋】

　[1] 區賽，即區夢良，詳見《附錄　蔡守與時人交遊考》。

閔孝夫 [1] 一劄

　　哲夫先生尊鑒：本月份上半月生活費國幣五十金茲飭役送呈，請檢收。收條一紙請蓋章擲回為禱。此叩手雙安。末學閔孝夫頓首　五、十八

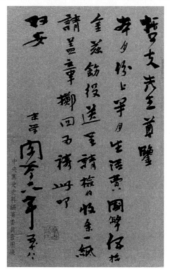

【注釋】

　[1] 閔孝夫，無考。

虞虞山 [1] 一劄

　　棟花篇和寒翁均，兼索法續棟花　　繁華倏衰歇，艸木春城深。浮生一飄梗，安用懷舊林。客中有嘉樹，密蕊綴珠琳。淺色搖紫綃，柔舒條薄陰。微芬挹裏袖，頗謝清風臨。花信昀已闌，獨抱傷春心。餘寒亦無賴，薄醉猶堪任。下有苦吟客，上有幽鳴禽。人事易代謝，花開無古今。舉酒壽棟花，花好不可簪。我讀寒翁詩，默契絃外音。更乞寫照花，慰我塵中襟。

　　後棟花篇寄蔡寒翁，故園亦有老棟樹，二年不見棟樹花。去年將花人棄宅，今年棄宅初萌芽。園中日日長青艾，夢裏時時見紫霞。餘寒欲破渾無賴放翁句云「無賴餘寒開棟花」，前邨薄釀欣能賒。短歌寄慰蔡寒老，咫尺漂泊同天涯。噫吁嘻，我生觸景輒悲憮，棟花棟花今無主。　拙作兩章敬塵寒公吟丈、月色夫人同斧政。己卯大暑後學虞虞山病起甫稿。

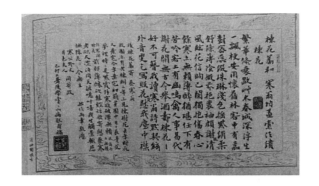

【注釋】

[1] 虞虞山（1904～），字受言，號勁草老人，江蘇鹽城人。師事高吹萬。與黃賓
　　虹、于右任、周退密等有詩文唱和。與蔡哲夫、談月色、陳耿民等多有詩印交
　　往。著有《流蘇集》《草間集》《海塵集》。

香山老衲 [1] 一箚

　　敬和石禪老人戊午年壽蘇會原作　　家裏適逢公誕日，十峰軒上召公魂。相迎遍點金蓮燭，小住請來綠萼村。赤壁笙簫猶在耳，黃州醇醑尚盈盆。明朝起視榕陰下，有否遺留屐齒痕。　　香山老衲未是草　鈐「香山老衲」白文方印

【注釋】

[1] 香山老衲，無考。

吳恭亨 [1] 一劄

廣東南社同人壽蘇會，疊石禪老人均　　十峰軒作壽蘇會，八百年招坡老魂。浩浩公神水行地，悠悠我里礮空村無名戰禍，澧城垂熾煨爐。亦知解瓦同崩土，縱使瞻天總隔盆。何處九州異風俗，酒栖在手各嗁痕。　數子東南不食果，一場歌哭未招魂。蟹行左字當王貴，儋耳惠州何處村？已屆詩亡文墮地，可憐器小我如盆。馬前呐喊搖旗到，留作他年泥木痕。　　蔡社長削鑒　　同社弟吳恭亨呈稿

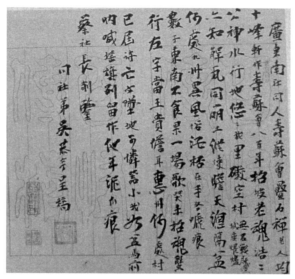

【注釋】

[1] 吳恭亨（1857～1937），字岩村，筆名悔晦，晚年自號彈赦老人，湖南慈利人。近代古文家、詩人，南社社員。能詩文、工聯語。曾任進步黨慈利縣主任幹事、《慈利縣誌》總纂。所著《對聯話》，上承梁章鉅《楹聯叢話》，保存了道光年間至民國初年不少名人的聯作，有較高的史料價值。

薩君陸 [1] 一劄

（上缺）翁比擬王宰，五日一石尤足崇。況復三友圖上增位置，長使世人萬古懷高風。吁嗟乎，我心匪石不可轉。窮冬礪節桓匪淺，人生會合洵無常。勝敗焉逃天所演，石乎石乎，補天待汝汝。其勉我欲問石石不言，翹首南天淚泫泫。　薩君陸未定草。　文同孫懷悅紙本亂石詩，孫老抱奇筆，臨紙恣揮灑。

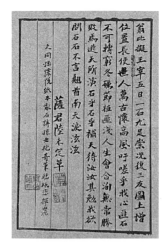

【注釋】

　[1] 薩君陸，即福綏，號幼實，留學日本高等師範畢業，歷充福建華僑學校校長，福建實業司秘書科長，教育司視學，南洋各島特派視學，北京僑務局參節。中央觀象臺臺長。

廖旭人 [1] 一箚

　　蔡寒翁先生補石三友圖後竟歸道山，謹題二絕句以當挽語　　仙翁騎鶴上雲端，三友塵間耐歲寒。要使精魂伴風月，獨留片石與人看。　　此石真同詩骨頑，孤標終古在人間。平生誰是襄陽老，再拜呼兄淚一潸。　　廖旭人呈草。

【注釋】

　[1] 廖旭人，初名登廷，字旭陵，號四益；繼改字季平，改號四譯；晚年更號為六譯。學者，翻譯家。

金寓公 [1] 三箚

寒瓊以丙子六月廿四生朝，得劉三題坐蒲團小景，即和原韻並寄潮州屬同作，應教呈正兼寄劉三　　南社風流韻事賡，寒瓊約我詠荷生。讓君獨佔千秋業來詩有「多懷辭賦千秋想」之句。羈客難為八載情闢地南來已八遇荷花生日。出谷迴非喬木鳥，入閩休問故山秝眷屬返里，近得大兒來書春季田畔收穫不及十四。年來溷跡屠沽久，無復豪懷告季平劉三字。　　金城寓公初稿。鈐「金城寓公」朱文方印，「荷花年年有生日」白文方印，「藍溪漁父石門樵」朱文方印

（上缺）淨植早躬畊。美人依舊遊人老，九載觀蓮滯鳳城。吾衰卻怕說同生，相對清芬負玉成。敢謂祝君兼祝我，權教銷夏當銷兵。何人解識含心苦，舉世遊觀愛目畊。獨立不撓仁者勇用舊句，翻將國色比傾城。更無羣豔並時生，不畏炎威百鍊成。花喜稱觥逢盛夏，詩因對壘出奇兵。華山豈羨通仙幻，白社何妨種秫畊。且罄筩盃聯眾志，團團圍繞作堅城。　　金城寓公初稿觀蓮節前十日。鈐「荷公丘複」白文方印，「劍膽琴心室主」朱文方印

　疊前韻寄東劉三錄請寒瓊社長吟正　　荷花比潔吾滋媿，有友偏遲五日生故友陳巢南與余同甲，為君舊好，六十述裏詩有「我後荷華五日生」之句。宿草墓門增舊感巢南卒四年矣，浮萍身世表同情。彈蕉勁節懷修竹，製麴香醪重早秝《齊民要術》製麴法秫麴以秫米為之。吏治望君除害馬，屢豐綏萬慶升平君任監察委員故以是望之。金城寓公初稿。鈐「金城寓公」朱文方印，「荷花年年有生日」白文方印，「荷公六十後所作」朱文方印

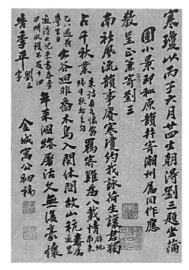

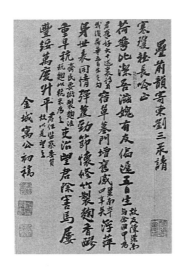

【注釋】

[1] 金寓公，即丘複（1874～1950），原名馥，字果園，別號荷生，又字荷公，又號金城寓公，室名念廬。福建上杭人，閩西教育事業的開拓者，南社詩人，著述頗豐，有《丘複集》。

丁以布 [1] 二箚

盛德閎文同不朽，孤山祠宇妥公魂。葑田莽莽堤邊水，柳岸依依湖上邨。詩酒風流入圖畫，香花供祅列瓶盆。我觀遺影幾成百，端懷瓊州斷碣痕公像為吾杭楊見心高壄侯搜藏者將及百幀。丁上左竹孫又號白丁

年年此日稱嘉會，情供寒梅為寫魂。笠屐壺觴放辭辭，謳歌絃管自成村。雪泥鴻爪留銅印公印為許榆園舊藏，今歸楊復盦，丹荔黃柑薦瓦盆，剔蘚南山尋手筆，競傳石屋舊題痕。丁以布　宣之一號展庵

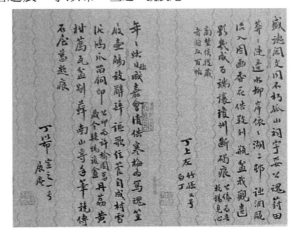

【注釋】

　　[1] 丁以布，字宣之，一字仙芝，一字竹孫，號白丁，浙江杭縣（今杭州）人。南
　　　　社社員，擅詩文。

　　胡熊鍔 [1] 一箚

　　庚申十二月南社同人集十峰軒作壽蘇會，遙和石禪老人韻　　蘇堤照眼
公長在，此日應來嶺外魂。歸夢願隨楊柳月，謫居同住苧蘿村余挈家西子湖濱浣
紗路側畔。放翁壽相梅千樹，米老低頭石滿盆。化作東坡何止百，未須笠屐遍留
痕。　　西湖桑者胡伯孝未定稿

【注釋】

　　[1] 胡熊鍔，詳見《附錄　蔡守與時人交遊考》。

　　束詠功 [1] 一箚

　　庚申十二月十九日南社同人集十峰軒作壽蘇會，遙和石禪老人韻　　何
須說鬼談神怪，素羽蹁躚化鶴魂。赤壁歸來江上舫，黃州經遇雨中村。瓊林焜
耀金蓮炬，雪浪摩挲黛石盆。安得春婆同介壽，繁華一夢了無痕。　　浮生萬物
皆如寄，天上重歸玉署魂。秋渚更無蘭桂櫂，朝雲別有苧蘿村。眉山依舊空存
宅，冤獄曾經洗覆盆。八百年來真一瞬，雪泥鴻爪尚留痕。　　曲阿束詠疏園
氏草

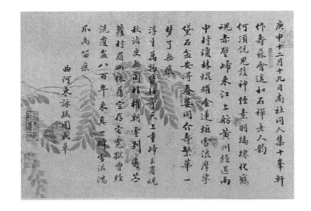

【注釋】

[1] 束詠功，字頌平，號疏園，江蘇丹陽人。

王燦 [1] 三箚

（上缺）鼎餼。春到江南猶峭寒，霜風吹月殊涼涼。花朝日錄請喆夫尊兄社長吟正。　　弟燦甫藁。　　鈐「燦」白文方印，「□□」朱文方印

丙子重九螺峰登高，以杜牧九日齊山登高詩分韻，蕁鷗代拈將字　　瑤箋擘韻寄來將，重九螺峰一舉觴。天末故人同與會，客中此日倍思鄉。足知忘履憐身健，心為悲秋感髩蒼。遙憶家山歸未得，江城六度看花黃。錄呈教正。王燦小草。

（上缺）餐備貼妥，蔬菜風味別，大嚼快頤朵。興酣微雨作煙雲，成堆垛。洗眼看江山，磯頭耐久坐。　　喆夫仁兄社長唫正。弟王燦呈稿。

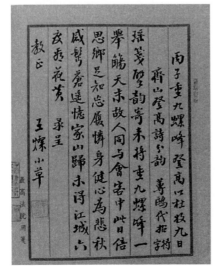

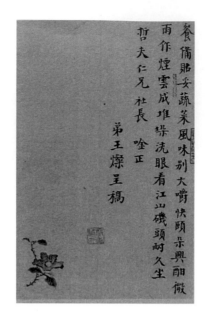

【注釋】

[1] 王璨（1881～1949），字鐵山、惕山，晚號石橋居士，雲南昆明人。優廩生，選送留學日本明治大學，習政法。辛亥革命後回國。歷任雲南軍都督府法制編修、雲南講武堂教官、法政學校校長、國民政府最高法院推事、雲南大學及雲南五華學院教授。1916～1919 年在北京創辦《共和新報》，主編《讜言》月刊。晚年任雲南叢書、通志編審。著有《知希堂詩抄》《知希堂文抄》等。

邵瑞彭 [1] 一箋

海南萬里況吾鄉，日蓺聞思一瓣香。我欲西湖酌寒碧，將公配食水儇王。年年生日一樽同，餘瀝應澆放鴨翁。南鄧北孫今好事，新詩煩汝吐長虹 孫師鄭太史連年為公作生日，又集名人生日詩，公得一卷最多。　題海南諸公壽蘇詩卷寄呈哲夫先生。　瑞彭

【注釋】

　　[1] 邵瑞彭（1887~1937），一名壽筬（壽錢），字次公，浙江淳安縣。精研齊詩、
　　　　淮南子及古曆算學。加入光復會、同盟會，任同盟會浙江支部秘書。

王銓濟 [1] 一箚

　　屋山鵲語自楂楂，嶺海人來鞠末花。得婦能才知有幾，聞聲識面喜無加。
聊張酒膽迴兵氣，會載烏皮上露車。莫話諸君泥飲地，恐他一例付蟲沙。右稿
錄塵哲夫先生、月色夫人同正和。海上王銓濟初艸。鈐「王銓濟」白文方印

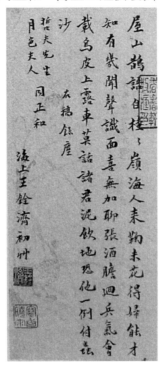

【注釋】

　　[1] 王銓濟，字巨川，又作葉川，上海人。詩人，藏書家。

劉韻松 [1] 二箚

　　月色夫人來書，旦寒翁先生病篤時為《歲寒三友圖》補石之絕筆徵題，率
賦一律卻寄　　一拳扶病寫玲瓏，滄海難填恨豈窮。訴與冤禽呼不應，化為幻
蝶夢猶通。西邱客弔茶村老，南國人尊桑苧翁。我亦歲寒師友感，披圖淚染杜
鵑紅。　　辛巳孟夏雪蕉劉韻松未是草。

　　文殊生日奉懷一首　　今日是何日？迺是文殊生。去年當此際，疊均如雙

聲。壽以禮無□，報我以瑤瑛。清若梅花月，嬌如出谷鶯。藏之篋笥中，朝夕
不忘情。比來遭世亂，花鳥亦心驚。音書既斷絕，蹤跡復未明。淚濺西窗燭，
魂銷南浦雲。雲飛或有意，歸去隱山林。昨夢到珠江，江水照我心。心心兩相
印，寄語與知音。待到太平時，還當補壽君。

憶秦娥　記夢　　情難滅，昨宵夢繞珠江月。珠江月，何時寄我，一枝春
色。　風流雲散傷離別，連天烽火音書絕。音書絕，憑誰說與，此情難滅。

拙作苦雨兩律，寫比來情況　　晨起擔簑入帝虛，歸塗陸地歎成川。家家
簷溜飛如瀑，處處溝流汏似泉。雞已落湯身豈健，魚因帶雨味彌鮮。雖無侍女
金盤鱠，細斫青蔥手自煎。　霪雨連朝未肯晴，羅衣六月覺涼生。盈庭積□□
裳去，滿院隌橫流履行。天缺況無人補罅，家貧惟有自調羹。往來都在滂沱裏，
教我如何不望庚。

七夕　　結綵穿鍼事渺茫，莫傳神話到閨房。年來嬭乞天孫巧，自有儂家
守拙方。

北海秋遊　　五龍亭影瀉清波，波織雲霞碧染羅。到此吟懷渾欲醉，何須
對酒始高歌。　雁塔虹橋幾度遊，茲辰來賞芰荷秋。秋來北地風光好，海不揚
波好放舟。　北海西湖景孰佳，孤山絕勝在梅花。若時春色能移此，添箇林
逋處士家。　垂柳垂楊有暮鳥，頓教人憶莫愁湖。待抛海子金陵去，又恐桑
田水易枯。

　　寒瓊社長、月色夫人雙政　雪蕉劉韻松廬槁　戊寅秋七月廿四日

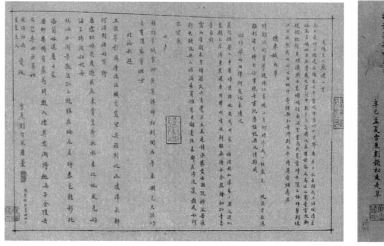

【注釋】

　　[1] 劉韻松（1904～1981），初名雪琴，別號雪蕉，湖北黃岡人。一生顚沛流離，備

遭坎坷。其詩清新典雅，暢而不俗，曾馳名滬杭。遺著有《焚餘集》《雪蕉館遺稿》《古代名媛事略》等。

李景康 [1] 一箚

（上缺）在滬付刊，而此書亦不免毀於砲火，弟之顧慮不寄亦云幸矣。草此佈復並候儷安。　弟康頓。八月廿八日

弟年內所得，僅逸公蓮子樣小壺一把，氣味極為敦樸難得。此外，申錫白坭大壺二把，其一為硬耳提梁卣，谷兄則得一北宋兔毫盞茶琖，殊為寥寥也。

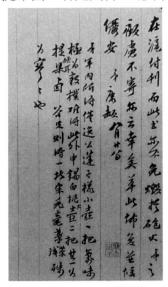

【注釋】

[1] 康，即李景康（1890～1960），號鳳坡，齋曰「百壺山館」。廣東南海人。為香港早期教育界前輩，收藏家，詩人。1917 年香港大學文科畢業，1926 至 1942 年任香港官立漢文中學校長，致力宣導中文教育。舊學深醇，戰後主持學海書樓及碩果社。一生從事政界及教育，為香港早期教育界前輩，桃李滿門，香港名人馮秉華、馮秉芬、利榮森都是他的學生。門人尊稱其為鳳坡先生。近年由香港中文大學出版有《李景康先生百壺山館藏故舊書畫函牘》。

劉鵬年 [1] 一箚

尊寓變更，務請見告。以便寄書為荷。承寄下志願書，僅唐夫人一份。季申先生之書並未檢入，請查明補寄。王兄處久未通訊，有便當如命致聲也。《變雅堂集》湘中未見此書。黃賓先虹生不審已離北平否？匆复，即頌覽禧。□□□拜啟　八月二十五號

【注釋】

[1] 劉鵬年（1889～1919），名長述，字鵬年，又字雪耘，湖南醴陵人，「戊戌變法六君子」之一劉光第長子，南社社員、前湖南省政府秘書長。中國近代新文學小說題材的探索者之一，其作品及事蹟被收入北京大學中文系所編輯的《20世紀中國小說理論資料》。

佚名一箚

哲夫先生閣下：讀惠書知避地姑孰。誦大詠，知在京已聽空中鬼車之聲，響怖不成寐。蘇城受炸，一度十室九遷。弟固安然不動尊也，國學會之費無收入，不能印書，《衛星》八期九期編成而印所停工，亦已不能觀望時局矣。此頌擬安。□頓首，中秋

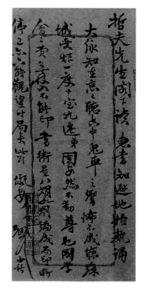

盧啟賢 [1] 一箚

穎人社長以補題,蔡君寒瓊《歲寒三友圖》中畫石遺墨詩見貽並屬同詠。謹賦此呈教,兼希轉寄月色女史政之 安仁投分寄石友,王宰畫石須五日。昔歲聞聲久相思,豈意此物稱絕筆。平生雅抱米顛癖,幸君舊繪猶在壁去年關穎人社長曾以君與談女士合作梅石圖見惠。雖不能言最可人,千里神交今闃寂。邇來友道酈寄多,耐共歲寒誠感激。古今文人獨不死,三生石上疑可析。君縱化去復何憾,尚有梅妻竇遺跡。拙詩艸就追薦君,泉下知應笑啞啞。 辛巳秋七月襄陽盧啟賢貢稿。

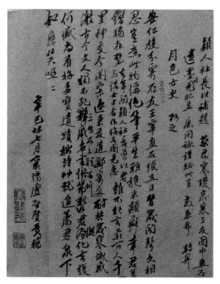

【注釋】

[1] 盧啟賢,字頤陔,湖北襄陽人。日知會員。參加辛亥武昌起義。民國初年,任內務部秘書、縣長等職。

黃端履 [1] 一箚

談月色女士屬題《歲寒三友圖》,即用誂君子裁韻 段氏松,張氏竹,梅妻月下布成幅。更添一拳石美具,難並新紀錄。寒翁傲骨,倔強而嶙峋。何圖轉瞬化異物,石不能言終古安。冥頑人間缺陷,誰補足。誰補足,竟不祿,新知舊侶齊聲哭。於今此石號望夫,宵燈嫠婦悲煢獨。三友圖,原非俗。年年總有歲寒時,旋轉天樞與地軸。 辛巳立夏日金山黃端履芳墅初藁。

【注釋】

[1] 黃端履，字芳墅，江蘇金山人。刊有《北遊吟草》《六十述懷百家酬唱錄》，1936
　　年版。

楊曉帆 [1] 一箋

　　諟齋嗜畫並工詞，橘叟嫻吟況擅醫。難得南遷逢二友，藥罏茗椀慰相思。
寒瓊社長寄示《白門悲秋集》，感賦奉酬　　酒籌歌板兩無聊，賸有詩魂不可
招。王氣黯收紅樹晚，淚痕寒漲白門潮。漫持疆土論興廢，苦竚風雷破寂寥。
九辯悲秋心獨苦，不堪重話蔣山樵。右詩敬乞。寒瓊、月色兩先生郢政。曉帆
初稿。鈐「楊曉帆」白文方印

【注釋】

[1] 楊曉帆，無考。

張祖銘[1] 一箚

月色詞長以所畫墨梅見貽，即用和雪蕉女士原韻賦答　每欲接清談，苦為俗事羈。故人不我棄，惠我畫與詩。高才擅二妙，柔翰標左思。愧我抗塵容，燕吳數奔馳。久疏筆硯緣，何以報相知。詩壇兩不櫛，吉日費賀詞。壽介屠蘇酒，花生連理枝。拈花佛應笑，降生商適同時。展卷暗香來，臨風想芳儀。寸箋敢云報，聊以解君頤。銅山張祖銘未定草。

【注釋】

[1] 張祖銘，徐州銅山人，晚清著名詩人。

煙崖荒浪[1] 一箚

談氏二瓢傳畫詩，今看三絕出蛾眉。秦銅漢篆辨真古，摺扇輕縑拓彩奇。劈剡墨梅湘老髓，祛筐藝穀鄧家遺。黃花院裏推翹楚，巾幗風流博物師。題談月色《藝穀》。　荒浪煙厓坦。

【注釋】

[1] 煙崖荒浪，日本詩人。

[1]《附　時人致蔡守劄》據《簡素文淵一香書軒秘藏名人書劄專場‧北京保利十
周年秋拍》圖冊錄出。本輯刊出函劄原件，《圖冊》並未全刊出，用（上缺）或
（下缺）標識。